Rene Schmock

HEIß FRITTIERT
UND GEIL SERVIERT!

NINJA

RENE SCHMOCK

HEISS FRITTIERT UND GEIL SERVIERT!

ÜBER 45 REZEPTE FÜR DIE HEISSLUFTFRITTEUSE

Community EDITIONS

VORWORT

»SO LEUTE«,

jetzt ist es endlich so weit. Wer hätte damit gerechnet, dass ich eines Tages selbst ein Buch schreiben werde? Zugegeben, ich war jetzt nie so die Leseratte, aber deswegen gibt's hier ja auch viele Bilder zu sehen!

Wer mich vielleicht noch nicht kennt: Gestartet bin ich vor einigen Jahren mit einer Ausbildung zum Koch. Kochen hat mir schon immer super Spaß gemacht, aber eher als Hobby. Deswegen hab ich den Beruf gewechselt und bin auf den LKW umgestiegen. Zu diesem Zeitpunkt habe ich mit meinen TikTok-Videos auf Social Media begonnen. Damals habe ich vor allem Videos aus dem LKW gemacht, aber auch alles Mögliche in meiner Heißluftfritteuse zubereitet – und damit fing die Ära an.

In diesem Kochbuch habe ich versucht, alle Basics in den Bereichen Frühstück, Hauptgerichte, Aufläufe und One Pots, Beilagen, Snacks und Desserts abzudecken. Sie lassen sich auch super untereinander kombinieren, sodass du geile Gerichte zaubern kannst. Am Anfang gebe ich dir für den Start einige Tipps und Tricks für die Heißluftfritteuse mit.

Die meisten kennen mich und meine Fritteusen von Ninja und deswegen bin ich mehr als dankbar, dass Ninja mich auch bei diesem Projekt so krass unterstützt und dies möglich gemacht hat. Vielen Dank an Ninja! Und auch ein großes Danke an das ganze Team von lookfamed und filmfluence – ihr seid einfach Maschinen und ohne euch wäre dieses Buch niemals entstanden. Danke, danke, danke!

So, und jetzt ran an die Heißluftfritteuse! Viel Spaß beim Nachkochen. Ich freue mich auf deine Ergebnisse und vergiss nicht, mich in deinen Storys zu markieren!

Dein Rene

EINLEITUNG

Ich kann mich gar nicht mehr genau daran erinnern, wann ich das allererste Mal eine Heißluftfritteuse verwendet habe, weil es schon so lange her ist – das war noch, bevor ich auf Social Media aktiv wurde. Ich habe sie entweder zum Geburtstag oder zu Weihnachten geschenkt bekommen. Das Erste, was ich da drin gemacht habe, waren Pommes. Denn alle haben mir gesagt, dass Pommes aus einer Heißluftfritteuse wie Freibad-Pommes schmecken sollen! Das musste ich natürlich ausprobieren und ich war vom ersten Moment an begeistert. Deswegen drehten sich meine Videos auf Social Media auch rund um die Heißluftfritteuse. Obwohl ich damals noch nicht so bekannt war, sind die Videos dauerhaft viral gegangen und hatten Millionen von Aufrufen.

Irgendwann standen in meiner eigenen Wohnung dann nicht nur eine, zwei oder drei Geräte in der Küche, sondern ganze vier! Ich habe mit der Zeit alles ausprobiert und getestet, was man sich nur vorstellen kann. Und auch vieles, wovon man gar nicht denken würde, dass es überhaupt möglich ist. Von Kuchen oder Eierspeisen über 9-Stunden-Rippchen bis hin zu einem ganzen Gockel gefüllt mit Lachs und Mini-Würstchen, ummantelt mit Bacon und on top auch noch paniert. Ich würde mal behaupten, damit habe ich das Heißluftfritteusen-Game revolutioniert!

In all den Jahren haben mich sooooo viele Menschen immer wieder nach Rezepten gefragt. Und deshalb gibt es jetzt dieses Buch, das du in den Händen hältst.

Ich kann dir nur sagen: Teste dich aus! In der Heißluftfritteuse ist fast alles möglich – nicht nur Pommes (auch wenn sie natürlich einfach geil werden!). Du brauchst kein bestimmtes Modell. Egal ob süß, deftig, schnell oder mit Käse überbacken – einfach rein damit in den Garkorb der Heißluftfritteuse! Dabei helfen dir sicher auch die Tipps und Tricks, die ich auf den nächsten Seiten gesammelt habe.

Hab Spaß und lass es dir schmecken!

WICHTIG

TECHNISCHER HINWEIS

Heißluftfritteusen gibt es in den unterschiedlichsten Größen und Formen.
Die Rezepte sind grundsätzlich für alle Fritteusen anwendbar. Aber denk dran: Jedes Gerät tickt anders! Die Infos, die ich dir in diesem Buch gebe, sind erstmal nur eine Art Leitfaden. Halte deine Augen offen und checke regelmäßig, wie es deinem Essen geht.

Für die Rezepte in diesem Buch habe ich die Dual Zone AF400 von Ninja mit ihren zwei Kammern und 9,5 Liter Fassungsvermögen genutzt. Modelle mit zwei Fächern sind mega praktisch, weil du damit zwei Dinge gleichzeitig auf den Punkt bringen kannst. Falls du eine andere Heißluftfritteuse benutzt, ist das kein Drama, aber Zeit und Temperatur könnten ein wenig anders sein. Deshalb: Immer mal wieder reinschauen und das Essen nicht aus den Augen lassen. Es kann nämlich je nach Fritteusen-Modell ein bisschen kürzer oder länger brauchen.

WARUM

HEISSLUFTFRITTEUSE STATT OFEN?

1. SCHNELLER ALS ALLES ANDERE!

Die Heißluftfritteuse heizt auf wie ein Raketenmotor und bringt dein Essen schnell auf Crunch-Temperatur.

2. VORHEIZEN? OFT UNNÖTIG!

Die meisten Heißluftfritteusen sind sofort startklar. Schnapp dir die Pommes und ab dafür – ohne lange Wartezeit!

3. KEEP IT FRESH – WENIGER DUFTWOLKEN!

Brutzeln ohne dass danach die ganze Bude riecht? Deine Heißluftfritteuse macht's möglich.

4. ÖL? NUR EIN SPRITZER!

Wenn du überhaupt Öl benötigst, dann reicht ein bisschen völlig aus. Du sparst Fett und trotzdem wird's lecker knusprig.

TIPPS

FÜRS BESTE FRITTIERERLEBNIS

1. LASS PLATZ IM KÖRBCHEN!
Vollpacken? No-Go! Gib deinen Snacks Luft zum Atmen in der Heißluftfritteuse, damit die Hitze jeden Winkel erreicht und alles schön crunchy wird.

2. DREH DIE TEMPERATUR RUNTER!
Im Vergleich zu Rezepten, die man im Ofen zubereitet, stellst du einfach 10 °C weniger ein. Spiel ein bisschen rum und finde dein persönliches Frittier-Feeling.

3. FLÜSSIGES IM KORB? ROST RAUS!
Wenn's um saftige Sachen geht wie Aufläufe, nimm den Rost raus. Bei allen anderen Rezepten ist der Rost superhilfreich: Das Öl kann abtropfen und du verhinderst ein Schwimmbad-Event.

4. SHAKE IT!
Zwischendurch mal reinschauen und das Körbchen schütteln. So wird alles gleichmäßig gar – und du kannst oft aufs Wenden verzichten.

5. IMMER WIEDER CHECKEN!
Zieh lieber einmal mehr als zu wenig den Garkorb raus, um zu kontrollieren, wie weit dein Essen ist. Im Vergleich zum Ofen geht das auch viel einfacher!

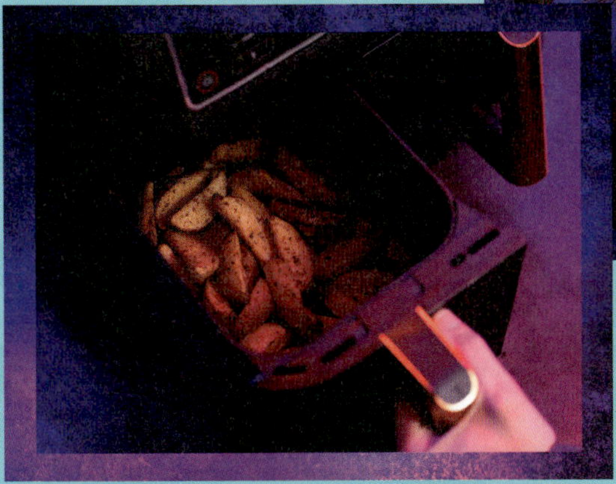

GADGETS
FÜR DIE HEISSLUFTFRITTEUSE

Es gibt mittlerweile viele geile Gadgets für die Heißluftfritteuse, die ich sehr empfehlen kann. In den Rezepten wirst du regelmäßig auf Gadgets stoßen, die dir das Kochen erleichtern.

→ Ofenfeste Formen, viereckig oder rund – je nach Form deines Garkorbs

→ Fleischthermometer

→ Sprühflasche für Öl, alternativ Cooking- oder Olivenölspray

→ Ein Muffinblech, passend für deine Heißluftfritteuse. Alternativ Muffinförmchen aus Papier oder Silikon

→ Heißluftfritteusen-Einlagen, alternativ Einweg-Pergamentpapiereinlage oder Backpapier

VIELFÄLTIG
EINSETZBAR!

Du kannst in der Heißluftfritteuse geile Gerichte zubereiten, aber auch viele Produkte, vor allem aus der Tiefkühltruhe, schnell mal aufbacken oder warm machen!

→ Eier
→ Toastbrot
→ Brötchen & Baguettes
→ Kuchen & Muffins
→ Pizza
→ Frühlingsrollen
→ Mozzarellasticks
→ Kroketten
→ Fisch (wie z. B. Schlemmerfilet, Backfisch, Fischstäbchen)
→ Alles, was du fertig kaufst und ansonsten in den Ofen packen würdest

BASIC-REZEPT
FÜR KRÄUTERSALZ

In meinen Rezepten ist häufig Kräutersalz zu finden. Deswegen gibt es zu Beginn von mir dieses Mini-Rezept, damit du immer Kräutersalz zu Hause hast!

100 g Meersalz

2 TL getrockneter Oregano, gerebelt

2 TL getrocknetes Basilikum, gerebelt

2 TL getrocknete Petersilie, gerebelt

1 TL getrockneter Thymian, gerebelt

1 TL getrockneter Rosmarin, gerebelt

½ TL Knoblauchpulver

1 Prise Pfeffer

1 Einfach alles in einem Mixer auf höchster Stufe zerkleinern und zack, hast du dein eigenes Kräutersalz zu Hause!

HEFTIGES FRÜH-STÜCK

1

Ehrlich gesagt ist Frühstück nicht so mein Ding. Während die Welt schwört, dass es die wichtigste Mahlzeit des Tages ist, starte ich meistens in den Tag, ohne auch nur daran zu denken. Aber meine Freundin, Freunde und Kinder lieben Frühstück! Wenn meine Freundin aufwacht, ist die erste Frage des Tages an mich: »Was gibt's zum Frühstück?«

Zum Beispiel einen French Toast, so perfekt goldbraun und fluffig, dass du nie wieder zurück zu der Pfannenversion willst. Für die Nussnougatcreme-Fans unter uns gibt es gefüllten Toast – eine süße Überraschung, umhüllt von knusprigem Brot, direkt aus der Fritteuse. Wenn du Bagels und Omeletts magst, habe ich natürlich auch etwas parat. Stell dir vor, du könntest dein eigenes kleines Brunch-Paradies kreieren, ohne dabei die Küche in ein Schlachtfeld zu verwandeln – heftig!

FRENCH TOAST

DU BRAUCHST KEINE PFANNE MEHR!

FÜR 2 PORTIONEN

3 Eier (Größe M)

100 ml Milch

1 TL Zucker

1 TL Vanillezucker

1 Prise Salz

½ TL Zimt (optional)

4 Scheiben Weizentoastbrot

Butter oder Öl zum Einfetten

ZUM SERVIEREN (OPTIONAL)

Ahornsirup

Puderzucker

frische Früchte

Zimt

1 Zuerst verquirlst du in einer flachen Schüssel die Eier mit Milch, Zucker, Vanillezucker, Salz und optional dem Zimt.

2 Die Brotscheiben legst du dann in die Eiermischung und lässt sie 10–15 Sekunden pro Seite einweichen. Achte darauf, dass das Brot nicht zu lange in der Flüssigkeit liegt, da es sonst zu weich werden kann.

3 Den Garkorb der Heißluftfritteuse leicht einfetten oder mit Backpapier auslegen, damit die French Toasts nicht kleben bleiben. Die eingeweichten Brotscheiben vorsichtig abtropfen lassen und in den Garkorb hineinlegen.

4 Die French Toasts backst du zuerst bei 190 °C 5–6 Minuten auf einer Seite und dann auf der anderen Seite 4–5 Minuten bei 180 °C, bis sie goldbraun und knusprig sind. Die genaue Zeit kann je nach Brot und Heißluftfritteuse variieren, also behalte sie im Auge! Wenn nicht alle Brotscheiben gleichzeitig in deinen Korb passen, kannst du sie auch nacheinander backen und die fertigen warmhalten.

5 Die fertigen French Toasts auf Teller legen und mit deinen Lieblings-Toppings servieren. Geile Optionen sind hier Ahornsirup, Puderzucker, frische Früchte und 1 Prise Zimt.

GEFÜLLTER TOAST MIT NUSSNOUGATCREME

MIT ODER OHNE BUTTER, DAS IST HIER DIE FRAGE!

FÜR 2 PORTIONEN

8 Scheiben Weizentoastbrot

4 EL Nussnougatcreme, plus mehr zum Servieren

1 Banane, in dünne Scheiben geschnitten

2 EL gehackte Nüsse (z. B. Haselnüsse oder Mandeln)

1 Eigelb, verquirlt

1 EL Butter, zerlassen

Puderzucker zum Bestreuen

1 Zuerst schneidest du vom Toast die Kruste ab. Dann mit einem Löffel das Innere zusammendrücken, sodass eine quadratische Kuhle entsteht. Bestreiche die Vertiefungen gleichmäßig mit der Nussnougatcreme.

2 Verteile die Bananenscheiben auf vier Toastscheiben und bestreue die restlichen mit gehackten Nüssen.

3 Jetzt bestreichst du die Ränder der Toastscheiben mit verquirltem Eigelb und legst dann jeweils eine Scheibe mit Nüssen auf eine Scheibe mit Banane. Mit einer Gabel die Ränder fest zusammendrücken – dabei entsteht auch noch ein schönes Muster!

4 Bestreiche die Oberseite der Sandwiches leicht mit zerlassener Butter. Sie verleiht dem Toast eine goldene Farbe und einen köstlichen Geschmack.

5 Verteile die Sandwiches im Garkorb der Heißluftfritteuse und backe sie bei 190 °C 6–8 Minuten oder bis sie goldbraun und knusprig sind.

6 Jetzt nur noch auf Teller verteilen, mit Puderzucker für eine zusätzliche süße Note bestreuen und mit zerlassener Nussnougatcreme beträufeln – Genuss garantiert!

»Ich hoffe, dieses Rezept macht dein Frühstück zu einem besonderen Genuss!«

FRÜHSTÜCKSMUFFINS

MUFFINS MÜSSEN NICHT IMMER SÜSS SEIN

FÜR CA. 12 STÜCK

200 g Mehl

1 TL Backpulver

1 Prise Salz

Kräutersalz und getrocknete Kräuter nach Geschmack (optional)

2 Eier (Größe M)

150 ml Milch

50 ml Pflanzenöl

2 TL Schmand

1 TL Senf

100 g geriebener Käse

100 g Schinkenspeckwürfel

1 Paprikaschote, fein gewürfelt

2 Frühlingszwiebeln, fein geschnitten

ZUSÄTZLICHES MATERIAL:

Ein Muffinblech, für deine Heißluftfritteuse passend. Alternativ Papier- oder Silikonförmchen

1 Die Muffins kann man schnell morgens vorbereiten: In einer großen Schüssel das Mehl mit Backpulver und Salz vermengen. Je nachdem, wie würzig du es magst, kannst du noch etwas Kräutersalz und getrocknete Kräuter hinzugeben.

2 Dann gibst du Eier, Milch, Pflanzenöl, Schmand und Senf zu den trockenen Zutaten. Alles gut vermengen, bis ein glatter Teig entsteht.

3 Nun 75 g des geriebenen Käses, Schinken, Paprikaschote und Frühlingszwiebeln vorsichtig unter den Teig heben, bis alle Zutaten gleichmäßig verteilt sind. Den Teig verteilst du dann gleichmäßig auf die Muffinförmchen. Obendrauf gibst du noch den restlichen Käse.

4 Die Muffins werden nun in der Heißluftfritteuse bei 160 °C 20–25 Minuten gebacken, bis sie goldbraun und fest sind. Wenn der Garkorb nicht alle gleichzeitig aufnehmen kann, portionsweise backen.

5 Die Frühstücksmuffins solltest du vor dem Servieren kurz abkühlen lassen.

»Ich weiß nicht, was du dazu sagst, aber für mich sind das die besten und schnellsten Brötchen! Und auch die Eier sind ein Traum. Wenn du zwei Kammern hast, steht beides fast gleichzeitig auf dem Frühstückstisch!«

DAS PERFEKTE BRÖTCHEN MIT DEM PERFEKTEN EI

DAS SCHNELLE SONNTAGSFRÜHSTÜCK

FÜR 4 PORTIONEN

4 Eier (Größe M)

Aufbackbrötchen (je nach Bedarf pro Person)

Belag für die Brötchen nach Wahl

Salz, Pfeffer und Maggi nach Geschmack

TIPP:

Auch Brötchen oder Croissants vom Vortag oder vom Vorvortag kannst du super in der Heißluftfritteuse aufbacken! Ich lege noch 1 Scheibe Käse und Schinken auf mein aufgeschnittenes Croissant – einfach nur lecker!

1 Lege die Eier vorsichtig in den Garkorb der Heißluftfritteuse. Achte darauf, dass sie sich nicht berühren, damit sie gleichmäßig gekocht werden.

2 Starte das Programm bei 150 °C für 8–10 Minuten. Das ergibt mittelweiche Eier. Für weich gekochte Eier reduziere die Kochzeit auf 7–8 Minuten. Ab 10 Minuten sind sie hart gekocht. Bewege zwischendurch ganz vorsichtig den Korb, damit die Eier gleichmäßig gar werden. Wenn die Zeit abgelaufen ist, lege die Eier sofort in eine Schüssel mit kaltem Wasser, um den Garprozess zu stoppen.

3 Die Brötchen parallel oder im Anschluss, je nach Platz in der Fritteuse, bei 180 °C 6–8 Minuten aufbacken, je nachdem, wie knusprig du sie magst.

4 Die Eier dann köpfen und mit Salz sowie Pfeffer bestreuen. Und bei mir darf natürlich 1 Schuss Maggi auf einem gekochten Ei nicht fehlen!

5 Die Brötchen nach Bedarf belegen und schon steht ein schnelles, leckeres Frühstück auf dem Tisch!

»Auch hier: schnell und einfach gemacht!«

BAGEL MIT EI

WENN DAS EI DEN BAGEL FÜLLT

FÜR 2 PORTIONEN

2 Bagels

4 TL deines Lieblingspestos (z. B. Pesto Rosso)

4 Eier (Größe S)

Salz und Pfeffer nach Geschmack

gehackte Kräuter (frisch oder TK)

50 g geriebener Käse (z. B. Gouda)

1 Schneide zuerst die Bagels auf und stich das Loch mit einem Messer etwas größer, damit das Ei nachher gut reinpasst.

2 Bestreiche die Schnittflächen mit Pesto und lege die Bagels mit der Schnittfläche nach oben in den Korb der Heißluftfritteuse. Wenn der Platz nicht für alle ausreicht, musst du sie portionsweise backen.

3 Schlage dann jeweils 1 Ei in die Mitte der Bagelhälften und verfeinere es mit Salz, Pfeffer und Kräutern. Zum Schluss noch etwas Käse draufstreuen.

4 Backe die Bagels dann bei 170 °C 8–10 Minuten und genieße sie danach direkt! Die Garzeit kannst du natürlich auch anpassen, je nachdem, wie cremig du dein Ei magst!

OMELETT

DAS GEHT DOCH NICHT IN DER FRITTEUSE, ODER?

FÜR 2 PORTIONEN

4 Eier (Größe M)

20 ml Milch

Salz und Pfeffer nach Geschmack

50 g geriebener Käse (z. B. Gouda oder Emmentaler)

50 g Schinkenspeckwürfel

½ Paprikaschote, gewürfelt

1 kleine Zwiebel, fein gehackt

50 g Champignons, in Scheiben geschnitten

2 EL gehackte Petersilie oder Frühlingszwiebelringe (optional)

WEITERES MATERIAL:

Eine ofenfeste Form oder Einwegschale, die in deine Heißluftfritteuse passt. Alternativ kannst du sie dir aus Backpapier zusammenbasteln.

TIPP:

Du kannst hier auch Gemüse deiner Wahl nutzen und damit das Rezept super variieren!

1 Zuerst schlägst du die Eier in eine Schüssel auf und verquirlst sie mit der Milch. Mit Salz und Pfeffer verfeinern, den Käse und den Schinkenspeck hinzugeben. Noch mal mischen.

2 Jetzt gibst du noch Paprikaschote, Zwiebel sowie Champignons dazu und mischst wieder gut durch. Die Form stellst du dann in den Korb der Heißluftfritteuse und füllst die Omelettmasse hinein.

3 Stelle die Heißluftfritteuse auf 170 °C ein und backe das Omelett 12–15 Minuten. Danach sollte das Ei gestockt sein. Ansonsten lass es noch für ein paar Minuten in der Fritteuse.

4 Genieße das Omelett warm, mit Petersilie oder Frühlingszwiebel bestreut, wenn du magst.

KRASSE HAUPT-GERICHTE

2

Hauptgerichte sind genau mein Ding! Egal ob morgens, mittags, abends oder zwischendurch: Ich könnte zu jeder Tageszeit ein Hauptgericht essen! Für mich gilt: je deftiger und fleischiger, desto besser.

Stell dir vor, du beißt in einen saftigen Leberkäsburger oder einen perfekt geschmolzenen Cheeseburger, direkt aus der Heißluftfritteuse. Oder lass dich von gebackenem Lachsfilet mit Kräuterkruste verführen, das so zart ist, dass du es nie wieder anders zubereiten willst. Nicht zu vergessen: die knusprigen Chicken Wings mit ihrer unwiderstehlichen Marinade! Und die ultimative Genussbombe: butterzarte Rippchen, die fast von selbst vom Knochen fallen. Mach dich bereit, beeindruckt zu sein!

LEBERKÄSBURGER

KLASSISCH, BAYRISCH, GUT!

FÜR 4 PORTIONEN

4 Laugenbrötchen
4 Scheiben Leberkäse
2 Tomaten
3–4 Radieschen
1 Mini-Romanasalat
4 EL süßer Senf
2 EL Mayonnaise
Salz und Pfeffer nach Geschmack
40 g Röstzwiebeln
100 g Krautsalat
4 Gewürzgurken

1 Schneide die Laugenbrötchen auf und röste beide Hälften kurz bei 150 °C, bis sie knusprig sind. Je nach Größe des Garkorbs machst du das portionsweise, bis alle Brötchen die Heißluftfritteuse mal gesehen haben.

2 Wenn du zwei Garkörbe für die Heißluftfritteuse hast, kannst du währenddessen schon die Leberkäsescheiben bei 180 °C 5–7 Minuten braten oder bis sie goldbraun und knusprig sind. Ansonsten geht es natürlich auch nacheinander und du hältst den Leberkäse warm.

3 In der Zwischenzeit kannst du die Tomaten und Radieschen waschen und in Scheiben schneiden. Die Blätter vom Salat in mundgerechte Stücke zupfen, waschen und trocken tupfen.

4 Verrühre den süßen Senf in einer kleinen Schüssel mit der Mayonnaise und verfeinere mit Salz und Pfeffer.

5 Sobald die Brötchen knusprig sind und der Leberkäse goldbraun ist, können die Burger zusammengebaut werden. Bestreiche die Schnittfläche der Brötchen mit der Senf-Mayo-Mischung. Lege auf die Unterseite jeweils ein Salatblatt, darauf Tomate, Radieschen und Gewürzgurke, dann kommt der Krautsalat. Das Ganze krönst du mit dem Leberkäse und den Röstzwiebeln.

6 Setze die Oberseite der Brötchen darauf und lass es dir schmecken!

»Wer Jason ist? Mein Sohn! Und wir essen diesen Burger gefühlt jedes Papa-Wochenende!«

CHEESEBURGER

À LA JASON

FÜR 4 PORTIONEN

500 g Rinderhackfleisch

Salz und Pfeffer nach Geschmack

4 Brioche-Burgerbuns

4 Scheiben Käse (z. B. Cheddar)

2 EL Ketchup

2 EL Senf

Bis dahin liebt Jason seinen Cheeseburger! Du kannst noch folgendes hinzufügen:

Blattsalat

1 Tomate, in Scheiben geschnitten

1 Zwiebel, in Ringe geschnitten

Gewürzgurken, in Scheiben geschnitten

2 EL Mayonnaise

1 Ran an die Buletten! Erstmal musst du das Hackfleisch in einer Schüssel mit Salz und Pfeffer verfeinern und dann ordentlich durchmischen. Daraus werden dann vier gleich große, flache Pattys geformt. Beachte, dass sie nach dem Braten etwas an Größe verlieren.

2 Die Pattys in den Korb der Heißluftfritteuse legen und bei 190 °C 10–12 Minuten braten, dabei nach der Hälfte der Zeit wenden. Je nach Größe des Garkorbs musst du das vielleicht portionsweise machen.

3 Wer zwei Garkörbe in der Heißluftfritteuse hat, kann währenddessen schon die Brötchen halbieren. Sie werden bei 150 °C angeröstet. Sonst machst du das zum Schluss und hältst das Fleisch in der Zeit warm.

4 Auf jedes Patty in den letzten 2 Minuten eine Scheibe Käse legen, damit er schmilzt.

5 Die untere Hälfte der Brötchen mit Ketchup und Senf bestreichen. Dann die Pattys mit dem geschmolzenem Käse darauflegen. Und wenn du nicht, wie Jason, nur Fleisch magst, kannst du noch Salat, Tomatenscheiben, Zwiebelringe und Essiggurken dazulegen. Die oberen Brötchenhälften mit etwas Mayonnaise bestreichen, die Burger zuklappen und schmecken lassen!

»Du kannst natürlich den Lachs auch ohne die Kruste machen – ist ebenfalls megalecker und geht sogar noch schneller!«

GEBACKENER LACHS MIT KRÄUTERKRUSTE

AUCH FISCH SCHMECKT GEIL!

FÜR 4 PORTIONEN

4 Lachsfilets (ca. 170 g pro Stück)

2 EL Olivenöl

Salz und Pfeffer nach Geschmack

1 Knoblauchzehe, gehackt

Saft von 1 Zitrone

70 g Paniermehl (hier eignet sich auch Panko, für extra Crunch)

4 EL frische Kräuter (z. B. Petersilie, Dill, Schnittlauch), fein gehackt

70 g Butter, weich

1 EL Senf (optional)

Zitronenscheiben, zum Servieren

1 Tupfe als Erstes die Lachsfilets mit Küchenpapier trocken und lege sie in eine Schüssel. Beträufele sie mit Olivenöl und verfeinere sie großzügig mit Salz und Pfeffer. Füge den gehackten Knoblauch hinzu und presse den Zitronensaft darüber. Lass den Lachs etwa 10 Minuten ruhen.

2 Du kannst dich aber nicht ausruhen: In der Zwischenzeit mischst du das Paniermehl mit den Kräutern und der Butter in einer separaten Schüssel. Ich empfehle 1 Löffel Senf dazu.

3 Verteile die marinierten Lachsfilets auf einem Teller und bestreiche sie gleichmäßig mit der Paniermehl-Kräuter-Mischung.

4 Lege die Lachsfilets in den Korb der Heißluftfritteuse und achte dabei darauf, dass genug Platz zwischen den einzelnen Filets ist.

5 Backe den Lachs bei 170 °C 15–20 Minuten oder bis er goldbraun und durchgegart ist. Und wie immer – wenn du es besonders knusprig magst, kurz vor Ende die Heißluftfritteuse auf 240 °C bzw. »Max Crisp« einstellen. Die genaue Garzeit kann je nach Dicke der Filets variieren. Wer sichergehen will: Die Kerntemperatur sollte mindestens 50 °C erreichen.

6 Sobald der Lachs fertig ist, kannst du ihn mit Zitronenscheiben und Honig-Senf-Dip (siehe Seite 106) servieren.

BEILAGENTIPP:

Reis, Kartoffeln, Gemüse oder Salat passen perfekt zu dem Gericht.

»Chicken aus der Heißluftfritteuse schmeckt einfach nur geil!«

CHICKEN WINGS MIT MARINADE

BESSER ALS BESTELLT!

FÜR 4 PORTIONEN

1 kg Hähnchenflügel

200 ml BBQ-Sauce, plus mehr zum Servieren

2 EL Olivenöl

1 TL Knoblauchpulver

1 TL Zwiebelpulver

1 TL Paprikapulver edelsüß

1 TL brauner Zucker

1 TL Senf

Salz und Pfeffer nach Geschmack

1 Zuerst musst du die Hähnchenflügel waschen und trocken tupfen, dann überflüssiges Fett und Haut entfernen.

2 In einer großen Schüssel verrührst du die BBQ-Sauce mit Olivenöl, Knoblauch-, Zwiebel- und Paprikapulver, braunem Zucker und Senf. Dann verfeinerst du die Marinade mit Salz und Pfeffer.

3 Die Flügel dürfen jetzt in der Marinade baden gehen! Stelle dabei sicher, dass sie gleichmäßig von der Mischung bedeckt sind. Mindestens 30 Minuten oder idealerweise über Nacht im Kühlschrank marinieren lassen, für einen richtig geilen Geschmack.

4 Danach legst du die Hähnchenflügel in die Heißluftfritteuse und backst sie bei 170 °C 20–25 Minuten, bis sie goldbraun und knusprig sind, dabei immer mal wieder den Korb schütteln. Die letzten Minuten kannst du auch hier die Temperatur auf 240 °C erhöhen, damit die Haut schön knusprig wird.

5 Die Chicken Wings aus der Heißluftfritteuse nehmen und kurz ruhen lassen. Ich serviere sie gern mit BBQ-Sauce zum Dippen.

»Man kann auch anderes Gemüse füllen und überbacken, z. B. Zucchini schmecken sehr lecker!«

GEFÜLLTE PAPRIKA MIT HACKFLEISCH UND REIS

GEHT EINFACH IMMER!

FÜR 4 PORTIONEN

100 g Reis

400 g gemischtes Hackfleisch

1 Ei (Größe M)

1 TL Paprikapulver edelsüß

Salz, Pfeffer und Kräutersalz nach Geschmack

½ TL Gemüsebrühepulver

1 große Zwiebel, gewürfelt

2 Knoblauchzehen, gehackt

Olivenöl zum Besprühen

100 g Tomatenmark

1 Schuss Maggi (optional)

2 Tomaten, gewürfelt

1 Paprikaschote, klein gewürfelt

4 große rote Paprikaschoten

100 g geriebener Käse (z. B. Gouda oder Emmentaler)

ZUSÄTZLICHES MATERIAL:

Kochtopf

BEILAGENTIPP:

Dazu schmecken Baguette oder Brot, ein Kräuterdip oder auch eine einfache Tomatensauce.

1 Zuerst den Reis nach Packungsanweisung kochen, bis er fast gar, aber noch leicht bissfest ist. Abgießen und beiseitestellen.

2 Jetzt gibst du das Hackfleisch in eine große Schüssel und vermischt es mit Ei, Paprikapulver, Salz und Pfeffer, etwas Kräutersalz und Gemüsebrühepulver. Zum Schluss die Zwiebel und den Knoblauch untermischen.

3 Den Garkorb der Heißluftfritteuse (ohne den Rosteinsatz) mit etwas Öl einsprühen, das Tomatenmark und die Hackmischung hineingeben, umrühren und bei 180 °C 10–12 Minuten anbraten. Immer mal wieder mit einem Holzlöffel mischen und zerkleinern. Natürlich darf hier 1 Schuss (oder auch 2) Maggi bei mir nicht fehlen. Jetzt gibst du die Tomaten- und Paprikawürfel und den vorgekochten Reis zur Hackmischung. Das Ganze 5–8 Minuten weitergaren, bis das Hackfleisch durchgebraten ist.

4 Die Oberseite der großen Paprikaschoten abschneiden und beiseitelegen, die weißen Innenhäute und Kerne entfernen. Die Paprikas sollten jetzt wie Schälchen aussehen.

5 Die Hackfleisch-Reis-Mischung gleichmäßig in die vorbereiteten Paprikaschoten füllen und leicht andrücken. Zum Schluss den geriebenen Käse daraufstreuen. Die Heißluftfritteuse auf 170 °C stellen, den Rost wieder in den Korb einsetzen und die gefüllten Paprikas hineingeben. Nach 12–15 Minuten sind sie weich und der Käse goldbraun. Die Paprikaschoten vor dem Servieren kurz abkühlen lassen und die Deckel auflegen.

»Auch ganze Hähnchenbrustfilets kannst du auf diese Weise zubereiten. Der Geschmack lässt sich durch verschiedene Chipssorten variieren. Man sollte hier aber auf die Gewürze achten. Ich nehme am liebsten Takis!«

CRISPY CHICKEN NUGGETS MIT CHIPS-PANADE

DIE ETWAS ANDEREN NUGGETS

FÜR 4 PORTIONEN

250 g Kartoffelchips (z. B. Takis)

1 TL Paprikapulver edelsüß

1 TL Knoblauchpulver

Salz und Pfeffer nach Geschmack

2 Eier (Größe M)

100 g Mehl

500 g Hähnchenbrustfilets, in kleine Stücke geschnitten

Olivenöl zum Besprühen

ZUSÄTZLICHES MATERIAL:

Plastikbeutel und Nudelholz zum Zerkleinern, alternativ ein Mixer

BEILAGENTIPP:

Als Beilage schmecken Ofenkartoffeln (siehe Seite 77), Kartoffelspalten (siehe Seite 79) oder Karottenpommes (siehe Seite 87).

1 Für die Chips-Panade gibst du die Chips in einen verschließbaren Plastikbeutel und zerkleinerst sie mit einem Nudelholz zu feinen Krümeln. Alternativ kannst du auch den Mixer verwenden. Die Chipskrümel in einer flachen Schüssel mit Paprika-, Knoblauchpulver, Salz und Pfeffer vermengen. Dabei daran denken, dass die Chips schon gewürzt sind!

2 Für deine Panierstation verquirlst du die Eier in einer zweiten Schale und in die dritte Schale gibst du das Mehl.

3 Jetzt geht's ans Panieren! Die Fleischstücke zuerst in dem Mehl wenden, dann in der Eimischung und anschließend in den Chipskrümeln. Die Krümel leicht andrücken.

4 Die panierten Hähnchenbrustfilets legst du in den Garkorb der Heißluftfritteuse und besprühst sie mit Kochspray oder Öl. Bei 160 °C 15–20 Minuten (je nach Dicke) backen, bis sie goldbraun und durchgegart sind. Wende die Nuggets nach etwa 8 Minuten und schaue nach etwa 10 Minuten schon einmal nach, wie weit sie sind. Wenn du sie richtig knusprig haben willst, dann stelle die Temperatur für die letzten Minuten auf 240 °C bzw. nutze die Funktion »Max Crisp«.

5 Jetzt kannst du die Nuggets mit Sour-Cream-Dip (siehe Seite 105) oder einem anderen Dip deiner Wahl servieren.

DER PERFEKTE GOCKEL

EINFACH – SAFTIG – KROSS

FÜR 4 PORTIONEN

1 ganzes Hähnchen (ca. 1,3 kg) – ich nenne ihn Gockel

Hähnchengewürz

Salz und Pfeffer nach Geschmack

Olivenöl zum Besprühen

1 Schuss Maggi (optional)

FÜR DIE FÜLLUNG:

1 Bio-Zitrone, in zwei Hälften geschnitten

1 Apfel, entkernt und in Spalten geschnitten

2 Knoblauchzehen, geschält

4 Zweige Rosmarin

ZUSÄTZLICHES MATERIAL:

Küchengarn oder Zahnstocher

1 Sooo, jetzt geht es um den perfekten Gockel! Also, erstmal musst du ihn gründlich waschen und trocken tupfen, dann die Flügelspitzen abschneiden. Wenn du einen Hähnchenwagen deines Vertrauens hast, besorg dir am besten dort das Hähnchengewürz. So schmeckt es mir einfach am besten. Ansonsten kannst du Hähnchengewürz im gut sortieren Supermarkt kaufen oder eines aus 1 TL Paprikapulver edelsüß, 1 TL Knoblauchpulver, 1 TL getrockneten Kräutern wie Thymian und Rosmarin sowie ½ TL Zucker selbst zusammenmischen. Der Gockel wird dann von innen und außen ordentlich mit der Gewürzmischung sowie Salz und Pfeffer eingerieben.

2 Und dann wird er endlich gefüllt: Gib Zitrone, Apfelspalten, Knoblauch und Rosmarin in den Gockel, ohne ihn zu überfüllen. Die Öffnung musst du mit Zahnstochern oder Küchengarn verschließen, um die Füllung zu sichern.

3 Dann noch den Gockel von außen mit Olivenöl einsprühen, um eine knusprige Haut zu erzeugen. Es lohnt sich, das während des Garens zu wiederholen! Noch 1 Schuss Maggi ist hier auch immer gut und darf bei mir nicht fehlen.

4 Den Gockel dann in die Heißluftfritteuse legen, und zwar mit der Brust nach unten – das ist ganz wichtig! Stelle sicher, dass die heiße Luft rundherum gut zirkulieren kann. ▶

5 Die Heißluftfritteuse auf 160 °C einstellen und den Gockel etwa 30 Minuten braten. Dann drehst du ihn auf den Rücken, sprühst ihn noch mal mit Öl (und Maggi) ein und garst ihn weitere 20 Minuten. Wenn du es gerne kross magst, empfehle ich, für die letzten 5–10 Minuten die Temperatur auf 240 °C hochzudrehen oder die »Max-Crisp«-Funktion zu nutzen, damit die Haut extra knusprig und der Gockel auch wirklich perfekt wird.

6 Jetzt den Vogel noch kurz chillen lassen. Nimm ihn aus der Heißluftfritteuse und lass ihn etwa 10 Minuten auf einem Schneidebrett ruhen, damit sich der Fleischsaft verteilen kann.

7 Dann musst du den Gockel nur noch tranchieren, also in Stücke schneiden, bevor er mit Beilagen deiner Wahl serviert wird, z. B. Kartoffelspalten (siehe Seite 79), Pommes oder ganz schick mit Rotkohl und Klößen oder auch einfach mit Salat.

WICHTIG:

Die genaue Garzeit kann je nach Leistung der Heißluftfritteuse und Größe des Hähnchens variieren. Am besten ein Fleischthermometer verwenden, um die Kerntemperatur zu messen und sicherzustellen, dass das Hähnchen durchgegart ist. Die Innentemperatur sollte mindestens 80 °C erreichen.

»Die Füllung ist gut, aber eine richtige Rene-Spezial-Füllung für geilen Geschmack sieht anders aus :D. Also hau einfach alles rein, was dir in den Sinn kommt: vielleicht ein paar Mini-Würstchen, eine Weißwurst, einen Käseball oder eine ganze Roulade? Rein damit!«

Ninja
00:00
DUALZONE TECHNOLOGY
SYNC
MATCH
TIME
TEMP
MAX CRISP
AIR FRY
ROAST
START STOP

»Warum nenne ich sie die perfekte Bratwurst? Weil sie rundherum gleichmäßig braun wird und nicht wie beim Grillen an einigen Stellen weiß, an anderen Stellen schon verkohlt. Ich feiere es einfach voll – musst du unbedingt austesten!«

DIE PERFEKTE BRATWURST MIT OMAS KARTOFFELSALAT

BEI OMI SCHMECKT ES DOCH AM BESTEN

FÜR 4 PORTIONEN

1 kg gekochte Pellkartoffeln, geschält
4 Eier, hart gekocht (Größe M)
1 kleines Glas Gewürzgurken
1 kleine Dose Erbsen und Karotten
1 Glas Mayonnaise (ca. 250 g)
2 TL Senf
ca. 1 TL Salz
½ TL Pfeffer
8 Bratwürste
Zum Servieren: Senf, Ketchup (optional)

1 Am besten bereitest du den Kartoffelsalat schon einige Stunden vorher zu, damit er gut durchziehen kann. Schneide einfach die Pellkartoffeln in Scheiben und die Eier, Gewürzgurken und die Karotten aus der Dose in kleine Würfel.

2 Danach gibst du Mayonnaise, Senf, Salz und Pfeffer in eine große Schale und vermischt das alles mit den geschnittenen Zutaten und den Erbsen aus der Dose.

3 Und jetzt geht's um die Wurst! Ich hätte es nicht für möglich gehalten, aber eine Bratwurst schmeckt so geil aus der Fritteuse. Einfach die Bratwürste ohne Fett, ohne alles im Garkorb bei 170 °C Grad 10–15 Minuten braten, je nach Dicke der Wurst und gewünschtem Bräunungsgrad.

4 Zack, und schon hast du ein geiles Essen, ohne den Grill dreckig zu machen. Fehlen nur noch Senf und Ketchup.

BUTTERZARTE RIPPCHEN

HIER FÄLLT DAS FLEISCH VON ALLEIN AB

FÜR 2 PORTIONEN

1 kg Spareribs

4–8 TL Spareribs-Gewürz (je nach Intensität)

100 g Butter, in Stücke geschnitten

50 ml Apfelsaft

200 ml BBQ-Sauce, plus mehr zum Servieren (optional)

ZUSÄTZLICHES MATERIAL:

Backpapier und Alufolie

BEILAGENTIPP:

Dazu passt Kartoffelsalat (siehe Seite 47), Cole Slaw oder gegrilltes Gemüse.

1 Wasche die Spareribs und tupfe sie trocken. Eventuell vorhandenes überschüssiges Fett entfernen.

2 Reibe das Fleisch ordentlich mit der Gewürzmischung ein und lass es kurz durchziehen. Für mehr Geschmack kannst du es auch 2 Stunden oder über Nacht ziehen lassen.

3 Jetzt kriegen die Spareribs ihr Bettchen gebaut: Zuerst legst du die Alufolie aus, darauf kommt dann das Backpapier. Damit die Rippchen es bequem haben, verteilst du nun auf dem Backpapier Butter, noch etwas Spareribs-Gewürz und den Apfelsaft.

4 Jetzt kommt das Fleisch drauf. Nun musst du die Rippchen in die Alu-Backpapier-Unterlage einrollen, sodass sie fest verschlossen sind. Die Spareribs dann in den Korb der Heißluftfritteuse legen.

5 Die Spareribs bei 150 °C etwa 2 Stunden in der Heißluftfritteuse garen. Dann die Spareribs herausnehmen, auspacken und ohne die Alufolie und das Backpapier zurück in den Garkorb legen. Jetzt noch mit BBQ-Sauce bestreichen und weitere 15 Minuten bei 150 °C backen. Wenn du es superknusprig magst, dann kurz vor Schluss die Temperatur auf 240 °C oder die Funktion »Max Crisp« einstellen.

6 Die Spareribs nach Belieben mit zusätzlicher BBQ-Sauce bestreichen und servieren.

RUMPSTEAK

FLEISCH IST MEIN GEMÜSE

FÜR 4 PORTIONEN

4 Rumpsteaks (je ca. 200 g, ca. 3 cm dick)

Salz und Pfeffer nach Geschmack

Olivenöl zum Besprühen

4 Zweige Rosmarin

bunter Pfeffer, zum Servieren

BEILAGENTIPP:

Kartoffeln in jeder Form, auch Ofenkartoffeln (siehe Seite 77), Gemüse aller Art oder ein frischer Salat eignen sich perfekt!

1 Ran an die Steaks! Das Fleisch musst du rechtzeitig aus dem Kühlschrank nehmen, damit es etwa 10 Minuten lang Raumtemperatur annehmen kann. Währenddessen die Heißluftfritteuse auf 200 °C vorheizen.

2 Das Fleisch mit Salz und Pfeffer von beiden Seiten großzügig verfeinern.

3 Die Steaks in die Heißluftfritteuse legen, mit Öl besprühen, Rosmarin auflegen und 11–12 Minuten garen, wenn das Fleisch medium sein soll.

4 Nach der Hälfte der Garzeit musst du die Steaks wenden und noch mal mit Öl besprühen, um eine gleichmäßige Bräunung zu erreichen. Die fertig gegarten Steaks nimmst du dann aus der Heißluftfritteuse und lässt sie kurz ruhen, damit sich der Saft im Fleisch verteilen kann.

5 Die Steaks vor dem Servieren mit buntem Pfeffer bestreuen und falls gewünscht in Scheiben schneiden.

TIPP:

Wer es ganz genau wissen will, kann mit dem Fleischthermometer die Kerntemperatur im Steak messen – oder die Daumenprobe machen:

Rare – ab 45 °C: Wenn du Daumen- und Zeigefingerspitze zusammenpresst und mit dem anderen Zeigefinger auf den Daumenballen drückst, fühlst du den gleichen Widerstand wie bei einem Steak, das rare sein sollte.

Medium – ab 50 °C: Wenn du Daumen und Mittelfinger zusammendrückst, dann fühlt sich der Daumenballen an wie ein Steak, das medium gebraten ist.

Well-done – ab 65 °C: Wenn du Daumen und Ringfinger zusammendrückst, dann fühlt sich der Daumenballen an wie ein Steak, das well-done ist.

»Ein saftiger Braten mit knuspriger Kruste, was gibt's Geileres?«

KRUSTENBRATEN

MIT KRASS KNUSPRIGER KRUSTE

FÜR 4 PORTIONEN

1 ½ kg Schweinekrustenbraten
2 TL Paprikapulver edelsüß
1 TL Salz
1 TL Pfeffer
2 EL Senf
2 Zwiebeln, in Ringe geschnitten
2 Knoblauchzehen, gehackt
2 EL Olivenöl

1 Los geht's! Den Krustenbraten musst du zuerst gründlich abwaschen und mit Küchenpapier trocken tupfen. Die Schwarte oben einritzen, sodass ein Kreuzmuster entsteht. In einem kleinen Behälter dann Paprikapulver, Salz, Pfeffer und Senf vermengen, um eine Gewürzpaste herzustellen.

2 Die Gewürzpaste auf den Braten streichen und gut einmassieren. Stelle dabei sicher, dass die Gewürze auch in die Schnitte in der Schwarte eindringen. Danach verteilst du die Zwiebelringe und den gehackten Knoblauch im Garkorb der Heißluftfritteuse. Den Krustenbraten legst du obendrauf, mit der Schwarte nach oben. Zum Schluss beträufelst du ihn noch mit dem Öl.

3 Die Heißluftfritteuse anschmeißen: Brate das Fleisch jetzt bei 150 °C 40–50 Minuten – wenn vorhanden, auf der Stufe »Roast«, sonst einfach 150 °C.

4 Danach für weitere 20 Minuten die Temperatur auf 200 °C erhöhen, damit der Braten eine schöne Kruste bekommt. Die letzten Minuten stelle ich auf 240 °C, damit die Kruste wirklich richtig kross ist.

BEILAGENTIPP:

Mit Kartoffelgratin (siehe Seite 61) genießen.

5 Nach insgesamt ca. 70 Minuten sollte die Kruste goldbraun und knusprig sein. Nimm den Braten aus der Heißluftfritteuse und lass ihn vor dem Anschneiden kurz ruhen.

TIPP:

Schau immer mal nach, wie es dem Braten geht. Sollte er zu dunkel werden, kannst du ihn einfach mit etwas Alufolie zudecken und wie gewohnt weiterbraten. Wenn du ein Fleischthermometer hast: Der Krustenbraten sollte zum Schluss eine Kerntemperatur von 72 °C haben.

MEGA ONE POTS UND AUFLÄUFE

3

One Pots und Aufläufe? Lieben wir! Einfach alles in die Heißluftfritteuse werfen, zwischendurch mal schütteln, ein wenig warten und voilà – ein komplettes Gericht aus einem Garkorb! Besonders bei meinen Kids kommen die Rezepte super an.

One-Pot-Gnocchi, so cremig und voller Geschmack, dass du nach dem ersten Bissen schon süchtig bist. Oder ein Bolognese-Auflauf mit geschmolzenem Käse überbacken, der jedes Pasta-Herz höher schlagen lässt. Und dann gibt es da noch das Kartoffelgratin mit Speck – knusprig, käsig und unwiderstehlich. Für diejenigen, die es ein wenig grüner mögen, sorgt der Frischkäse-Gemüse-Auflauf mit Nudeln für ein Geschmackserlebnis, das Gemüse in einem völlig neuen Licht zeigt. Bereite dich vor auf ein Kapitel voller schneller, köstlicher Gerichte, die jeden Auflauf-Fan begeistern werden!

ONE-POT-GNOCCHI

DIE ETWAS ANDEREN NUDELN

FÜR 2–3 PORTIONEN

2 EL Olivenöl

150 g frischer Spinat, gewaschen und abgetropft

200 g Frischkäse (z. B. Frischkäsering mit Kräutern)

1 Zwiebel, fein gewürfelt

2 Knoblauchzehen, gehackt

200 g Cherrytomaten

Salz und Pfeffer nach Geschmack

500 g Gnocchi

1 TL Paprikapulver edelsüß

100 g Mozzarella, in Würfel geschnitten

1 TL getrockneter Oregano

1 TL getrocknetes Basilikum

Parmesan zum Servieren (optional)

1 Gib etwas Olivenöl in den Korb der Heißluftfritteuse (ohne den Rosteinsatz), lege dann den Spinat unten als Bett aus. Der Frischkäse kommt in die Mitte, rundherum verteilst du die Zwiebelwürfel und den Knoblauch. Dann noch die Tomaten hinzufügen, mit Salz und Pfeffer verfeinern und das Ganze 15 Minuten bei 160 °C garen.

2 Wenn du zwei Garkörbe hast, kannst du die Gnocchi zeitgleich in dem anderen Korb mit etwas Öl, Salz und Paprikapulver 10 Minuten bei 180 °C erhitzen. Zwischendurch den Korb schütteln. Wenn du nur einen Korb hast, gib die Spinatsauce in eine Schüssel, halte sie warm und bereite die Gnocchi dann wie beschrieben zu.

3 Danach die Gnocchi und die Spinatsauce mischen, den Mozzarella und die Kräuter unterheben und das Ganze noch für 5 Minuten bei 150 °C in die Fritteuse stellen.

4 Serviere die One-Pot-Gnocchi heiß, nach Belieben mit frisch geriebenem Parmesan bestreut.

TIPP:

Geht natürlich auch mit »richtigen« Nudeln!

»Auch Aufläufe funktionieren super in der Heißluftfritteuse – hättest du das gedacht!?«

BOLOGNESE-AUFLAUF

EIN ITALIENER WÜRDE SICH IM GRABE UMDREHEN

FÜR 4 PORTIONEN

400 g Penne (oder eine andere Nudelsorte nach Wahl)

150 g geriebener Mozzarella

FÜR DIE BOLOGNESE-SAUCE:

2 EL Olivenöl

500 g gemischtes Hackfleisch

1 Zwiebel, fein gehackt

2 Knoblauchzehen, gehackt

1 Karotte, gewürfelt

1 Selleriestange, gewürfelt

2 EL Tomatenmark

500 g passierte Tomaten

1 TL getrockneter Oregano

1 TL getrocknetes Basilikum

Salz und Pfeffer nach Geschmack

ZUSÄTZLICHES MATERIAL:

Kochtopf

eine passende Form für deine Heißluftfritteuse (geht aber auch ohne!)

1 Gib für die Sauce das Öl direkt in den Korb der Heißluftfritteuse (ohne den Rosteinsatz) oder in eine passende Form. Und nun: Hackfleisch, Zwiebel, Knoblauch, Karotte, Sellerie und Tomatenmark – alles rein da und bei 180 °C etwa 12 Minuten anbraten, bis das Hack gebräunt und durchgegart ist. Währenddessen immer mal wieder mit einem Holzlöffel umrühren und das Hackfleisch zerkleinern.

2 Parallel kannst du die Nudeln nach Packungsanweisung kochen, bis sie kurz vor al dente sind. Abtropfen lassen.

3 Zurück zur Heißluftfritteuse: Die passierten Tomaten, Oregano, Basilikum, Salz und Pfeffer hinzufügen. Lass die Sauce weitere 10 Minuten köcheln, bis sie eindickt.

4 Die gekochten Nudeln mit der Bolognese-Sauce vermengen. Je nach Heißluftfritteuse können beide Körbe genutzt werden oder du musst portionsweise garen. Die Hack-Nudel-Mischung 10 Minuten bei 160 °C köcheln lassen.

5 Bestreue den Auflauf dann mit geriebenem Mozzarella und backe ihn bei 200 °C noch etwa 5 Minuten oder bis der Käse goldbraun und knusprig ist.

6 Den Bolognese-Auflauf auf Teller verteilen und heiß genießen!

KARTOFFELGRATIN MIT SPECK

DAS MAG DOCH JEDER!

FÜR 2 PORTIONEN

Olivenöl zum Einfetten

500 g Kartoffeln (vorwiegend festkochend), geschält und in sehr dünne Scheiben geschnitten

200 g Schinkenspeckwürfel

2 Eier (Größe M)

200 ml Sahne

100 ml Milch

1 Zwiebel, gehackt

Salz und Pfeffer nach Geschmack

1 Prise gemahlene Muskatnuss

Gemüsebrühepulver nach Geschmack

1 EL getrocknete italienische Kräutermischung

200 g geriebener Käse (z. B. Gouda oder Emmentaler)

ZUSÄTZLICHES MATERIAL:

eine passende Form für deine Heißluftfritteuse (geht aber auch ohne!)

1 Fette den Garkorb der Heißluftfritteuse (ohne den Rosteinsatz) oder eine Auflaufform mit etwas Öl ein. Verteile die Kartoffelscheiben gleichmäßig auf dem Boden, sodass sie sich leicht überlappen. Gleichmäßig mit den Schinkenspeckwürfeln bestreuen.

2 In einer Schüssel verquirlst du die Eier mit Sahne und Milch. Füge die gehackte Zwiebel hinzu und verfeinere mit Salz und Pfeffer, Muskat sowie Gemüsebrühepulver. Gib die Kräutermischung dazu und rühre alles gut um.

3 Gieße die Ei-Sahne-Mischung über die Kartoffelscheiben und streue den geriebenen Käse gleichmäßig über die gesamte Oberfläche des Auflaufs.

4 Schiebe den Auflauf in die Heißluftfritteuse und backe ihn bei 170 °C 20–25 Minuten oder bis er goldbraun und knusprig ist. Wirf zwischendurch einen Blick darauf, um sicherzustellen, dass er nicht zu dunkel wird.

5 Lass das fertige Gratin ein paar Minuten abkühlen, bevor du es servierst.

TIPP:

Geht auch super mit gekochten Kartoffeln vom Vortag! Hier einfach die Zeit anpassen, da die Kartoffeln ja bereits gar sind.

»Geht natürlich auch mit Fleisch, Leute! Besonders Hähnchen würde sich hier eignen. Einfach direkt am Anfang das Fleisch in der Fritteuse anbraten und dann alle weiteren Schritte umsetzen wie beschrieben. Gemüse kann natürlich auch angepasst werden.«

FRISCHKÄSE-GEMÜSE-AUFLAUF MIT NUDELN

JE MEHR KÄSE, DESTO BESSER

FÜR 3–4 PORTIONEN

350 g Nudeln (z. B. Penne oder Fusilli)

2 EL Olivenöl

1 kleine Zucchini, gewürfelt

2 Paprikaschoten (bunt), in kleine Stücke geschnitten

1 kleine Aubergine, gewürfelt

½ Brokkoli, in kleine Röschen geschnitten, ohne Stängel

1 Zwiebel, gehackt

2 Knoblauchzehen, gehackt

Salz, Pfeffer und Kräutersalz nach Geschmack

1 TL getrocknete Kräuter (z. B. Oregano, Thymian)

300 g Kräuterfrischkäse

200 g Crème fraîche

100 ml Milch

200 g geriebener Käse (z. B. Gouda)

gehackte Petersilie zum Bestreuen (optional)

ZUSÄTZLICHES MATERIAL:

Kochtopf

eine passende Form für deine Heißluftfritteuse (geht aber auch ohne!)

1 Zuerst die Nudeln nach Packungsanweisung kochen, bis sie kurz vor al dente sind. Abgießen und beiseitestellen.

2 Die Form oder den Korb der Heißluftfritteuse (ohne den Rosteinsatz) mit dem Olivenöl einfetten. Gib das gesamte zerkleinerte Gemüse, die Zwiebel und den Knoblauch hinein und brate alles 6–8 Minuten bei 190 °C an. Mit Salz verfeinern und mit Pfeffer, Kräutersalz und den getrockneten Kräutern würzen.

3 Den Kräuterfrischkäse und 100 g Crème fraîche mit einem Holzlöffel untermischen, bis der Käse schmilzt. Falls nötig, etwas von der Milch angießen – es soll eine cremige Sauce werden! Das Ganze nun bei 160 °C weitere 5 Minuten köcheln lassen, bis die Sauce etwas eingedickt und das Gemüse weich ist. Dann mischst du die gekochten Nudeln unter und garst alles noch weitere 10 Minuten.

4 Verteile die restliche Crème fraîche gleichmäßig auf dem Auflauf und bestreue ihn dann mit dem geriebenen Käse – am besten nicht gleich alles auf einmal, damit es noch geil cremig unten drunter bleibt.

5 Bei 200 °C etwa 5 Minuten backen, bis der Käse goldbraun ist. Auch hier die letzten 2–3 Minuten bei 240 °C oder auf »Max Crisp« richtig knusprig werden lassen. Den Gemüseauflauf auf Teller verteilen; wer mag, bestreut ihn vor dem Servieren mit Petersilie.

ÜBERBACKENE SCHINKEN-HACK-RÖLLCHEN MIT FETA

FLEISCH UMMANTELT MIT FLEISCH

FÜR 4 PORTIONEN

500 g gemischtes Hackfleisch

1 Ei (Größe M)

1 Zwiebel, fein gewürfelt

2 Knoblauchzehen, gehackt

1 TL Paprikapulver edelsüß

1 TL getrockneter Oregano

Salz, Pfeffer und Kräutersalz nach Geschmack

200 g Feta

200 g gekochter Schinken, in ca. 10 dünne Scheiben geschnitten

150 g geriebener Käse (z. B. Gouda oder Emmentaler)

Schnittlauchröllchen zum Bestreuen

FÜR DIE SAUCE:

Olivenöl zum Einfetten

300 g passierte Tomaten

100 ml Sahne

1 EL Pesto Rosso

Salz, Pfeffer und Kräutersalz nach Geschmack

getrocknete italienische Kräutermischung nach Geschmack

1 Zuerst kommt die Sauce: Wenn der Korb deiner Heißluftfritteuse einen Rosteinsatz hat, diesen entfernen und den Boden des Korbs mit etwas Öl einfetten. Dann gibst du die passierten Tomaten, die Sahne und das Pesto hinein und rührst alles einmal ordentlich um. Verfeinere mit Salz, Pfeffer und Kräuter, dann mischst du noch mal durch. Sie sollte gut gewürzt sein.

2 Jetzt geht's ans Hack! Gib das Hackfleisch in eine große Schüssel und mische es mit Ei, Zwiebel, Knoblauch und Gewürzen sowie Salz.

3 Schneide den Feta in schmale Sticks, etwa zeigefingerdick. Forme aus dem Hack flache, runde Pattys, lege die Feta-Sticks darauf und ummantle sie mit dem Hack. Die Feta-Hack-Röllchen umwickelst du anschließend mit Schinkenscheiben.

4 Die Röllchen legst du nebeneinander in die Sauce in den Korb. Dann bestreust du sie mit dem geriebenen Käse. Achte darauf, dass die Röllchen weitestgehend von Sauce und Käse bedeckt sind. Dann bei 170 °C mindestens 25–30 Minuten backen, bis der Käse goldbraun ist. Vor dem Servieren mit Schnittlauch bestreuen.

BEILAGENTIPP:

Als Beilage eignet sich super Reis, aber auch Kartoffeln oder einfach ein Stück Baguette.

SCHNELLE TORTELLINI IN KÄSE-SAHNE-SAUCE

RATZFATZ FERTIG IN 10 MINUTEN

FÜR 3–4 PORTIONEN

800 g frische Tortellini (z. B. mit Ricotta-Spinat-Füllung)

200 g gekochter Schinken, gewürfelt

1 Zwiebel, gewürfelt

200 ml Sahne

100 ml Milch

200 g Schmelzkäse

Salz, Pfeffer und Gemüsebrühepulver nach Geschmack

1 Wenn der Korb deiner Heißluftfritteuse einen Rosteinsatz hat, diesen entfernen. Dann einfach alles rein in das Körbchen: Tortellini, Schinken, Zwiebel, Sahne, Milch und Schmelzkäse. Alles verrühren und mit Salz, Pfeffer und Gemüsebrühepulver verfeinern.

2 Stelle die Heißluftfritteuse auf 170 °C und gare die Tortellini in der Sauce 8–10 Minuten. Rühre zwischendurch einmal um. Wenn die Konsistenz zu fest ist, kannst du noch etwas Wasser zugießen, damit die Sauce schön cremig bleibt! Und dann ist dein Essen auch schon fertig.

YUMYUM-LASAGNE MIT HÄHNCHEN

WER DAS NICHT PROBIERT, IST SELBST SCHULD

FÜR 4 PORTIONEN

2 EL Olivenöl

400 g Hähnchenbrustfleisch, gewürfelt

1 Zwiebel, fein gehackt

2 Knoblauchzehen, gehackt

250 g YumYum Instantnudeln, Geschmacksrichtung »Chicken« inkl. Gewürzpulver (insgesamt ca. 4–5 Packungen)

200 g Champignons, in Scheiben geschnitten

1 rote Paprikaschote, gewürfelt

500 g passierte Tomaten

200 g Crème fraîche

Salz und Pfeffer nach Geschmack

1 Schuss Maggi (optional)

150 g geriebener Käse (z. B. Gouda oder Emmentaler)

1 Den Rosteinsatz aus dem Korb der Heißluftfritteuse entfernen, das Öl auf den Boden gießen und Fleisch, Zwiebel sowie Knoblauch hinzufügen. Gib von den YumYum-Nudeln eine Tüte Gewürzpulver mit dazu und brate alles bei 190 °C 12–15 Minuten. Rühre regelmäßig um. Gib dann die Champignons, Paprikaschote und die zweite Tüte des Gewürzpulvers dazu. Brate alles weitere 5 Minuten an.

2 Die passierten Tomaten hinzufügen und die Mischung noch mal 5 Minuten köcheln lassen. Nun 100 g Crème fraîche unterrühren und die Sauce mit Salz und Pfeffer abschmecken. Wem es noch nicht würzig genug ist, der gibt jetzt noch eine dritte Tüte YumYum-Gewürz dazu und vielleicht 1 Schuss Maggi! Gib die Sauce in eine Schale, denn jetzt wird gestapelt!

3 Nimm die YumYum-Nudeln und halbiere sie längs mit einem Messer, sodass du jeweils zwei dünne Platten erhältst. Starte in dem Korb mit einer dünnen Schicht Sauce, darauf verteilst du dann die YumYum-Platten. Dann kommt wieder eine Schicht Sauce, eine Schicht Nudeln und zuletzt wieder eine Schicht Sauce. Achte darauf, dass die letzte Schicht Nudeln gut von der Sauce bedeckt ist.

4 Auf der oberen Schicht Sauce verteilst du die restliche Crème fraîche und 100 g von dem geriebenen Käse. Den restlichen Käse gibst du erst kurz vor Ende der Garzeit dazu. Den Nudelauflauf in der Heißluftfritteuse bei 180 °C 15–20 Minuten backen, bis der Käse goldbraun ist. Sofort servieren.

SPINATLASAGNE

CREMIG, WÜRZIG, GUT

FÜR 4 PORTIONEN

Olivenöl zum Einfetten

1 Zwiebel, gehackt

900 g Spinat (TK)

300 g Frischkäse

geriebene Muskatnuss nach Geschmack

1 TL Salz

3 Prisen Pfeffer

ca. 250 g Lasagneblätter

200 g Crème fraîche

200 g geriebener Gouda oder Mozzarella

TIPP:

Du kannst auch die Bolognese-Sauce aus dem Rezept von Seite 59 nehmen und damit eine geile Lasagne machen! Achte aber darauf, dass die Sauce flüssig genug ist, damit die Lasagneplatten durchgaren können.

1 Fette den Korb der Fritteuse (ohne den Rosteinsatz) mit etwas Öl. Gib dann die gehackte Zwiebel hinein und dünste sie bei 180 °C etwa 4 Minuten an, bis sie glasig ist – zwischendurch kurz den Korb schütteln oder mit einem Holzlöffel umrühren. Füge dann den TK-Spinat hinzu und lass ihn bei 150 °C langsam auftauen. Gelegentlich umrühren. Wenn der Spinat aufgetaut ist, kannst du Frischkäse, etwas Muskat, Salz und Pfeffer unterrühren. Die Konsistenz muss cremig sein, aber die Lasagneplatten brauchen auch genug Flüssigkeit um gar zu werden. Die Sauce in eine Schüssel umfüllen.

2 Baue die Lasagne in der Heißluftfritteuse schichtweise auf. Beginne mit einer dünnen Schicht Spinatsauce, dann Lasagneblätter, wieder Spinatsauce usw. Wiederhole die Schichten, bis alle Zutaten aufgebraucht sind. Ende mit einer Schicht Spinat. Darauf streichst du nun die Crème fraîche und bestreust sie mit geriebenem Käse – nimm aber zunächst nur die Hälfte, der Rest kommt nach der Hälfte der Garzeit drauf.

3 Stelle die Heißluftfritteuse auf 180 °C ein. Gare die Lasagne 20–25 Minuten oder bis die Pasta weich und die Oberseite goldbraun ist. Um zu prüfen, ob die Lasagneblätter schon weich sind, kannst du mit einer Gabel hineinstechen.

4 Lass die Spinatlasagne kurz ruhen, bevor du sie noch im Korb in Portionen schneidest, mit einem Pfannenwender rausholst und servierst.

GEILE BEI-LAGEN

4

Für mich sind Beilagen das Salz in der Suppe jedes Essens – ohne sie ist selbst das geilste Hauptgericht einfach nicht komplett. Und wer sagt denn, dass Beilagen nur eine Nebenrolle spielen müssen?

Hier gibt es knusprige Mozzarella-Sticks, die beim Abbeißen lange Fäden ziehen, perfekt gewürzte Kartoffelspalten oder cremig gefüllte Champignons. Oder wie wäre es mit Bohnen im Speckmantel? Eine Kombination, die einfach immer passt und jeden Teller aufwertet. Ganz egal, ob du für dich alleine kochst oder für eine große Runde – mit diesen Beilagen machst du alles richtig!

»Und wieder etwas
mit Panadeeee!«

MOZZARELLA-STICKS

NICHT KAUFEN, SELBST MACHEN!

FÜR 2 PORTIONEN (ALS BEILAGE)

200 g Mozzarella

150 g Paniermehl

70 g geriebener Parmesan

1 TL getrockneter Oregano

1 TL getrocknetes Basilikum

1 TL Knoblauchpulver

Salz und Pfeffer nach Geschmack

2 Eier (Größe M)

Olivenöl zum Besprühen

1 Zu Beginn schneidest du den Mozzarella in etwa fingerdicke Sticks. Paniermehl, Parmesan und Gewürze in einer flachen Schüssel vermengen. Dann die Eier in einer separaten Schüssel ordentlich verquirlen.

2 Jetzt geht's ans Panieren! Jeden Mozzarella-Stick zuerst in den verquirlten Eiern wenden, danach in der Paniermehl-Mischung. Dabei darauf achten, dass die Sticks rundum gut bedeckt sind. Drücke die Paniermehl-Mischung leicht an, damit sie haftet. Und das machst du mit allen Mozzarella-Sticks am besten zwei Mal – damit der Käse auch wirklich drinbleibt beim Ausbacken.

3 Jetzt verteilst du die panierten Mozzarella-Sticks in der Heißluftfritteuse und sprühst sie leicht mit etwas Öl ein. Backe die Sticks bei 180 °C 6–8 Minuten oder bis sie goldbraun und knusprig sind. Wende die Sticks zwischendurch und falls sie noch nicht braun genug sind, kannst du noch mal etwas Öl draufsprühen.

4 Lass die fertigen Sticks kurz abkühlen und genieße sie als köstlichen Snack, Beilage oder Vorspeise mit einem Dip deiner Wahl. Ich mag dazu am liebsten Avocado- oder Fetadip (siehe Seiten 105–106)!

GANZE OFENKARTOFFEL ÜBERBACKEN

DEUTSCHER GEHT'S NICHT – ICH LIEBE KARTOFFELN!

FÜR 4 PORTIONEN (ALS BEILAGE)

8 mittelgroße Kartoffeln (vorwiegend festkochend)

4 EL Olivenöl

1 TL Salz

¼ TL Pfeffer

1 TL Paprikapulver edelsüß

4 EL Butter

Zusätzlich Salz und Pfeffer nach Geschmack zum Servieren

80 g geriebener Gouda

BEILAGENTIPP:

Genieße die Ofenkartoffel als Beilage zu gegrilltem Fleisch, Fisch oder einfach solo mit einer leckeren Sour Cream. Gut machen sich dazu auch Röstzwiebeln, Rucola, Hähnchen-Sticks oder Thunfisch, Gemüse wie Paprikaschote oder Mais und ein bisschen Feta. Hier eignet sich vieles perfekt, was man gerade zu Hause hat.

1 Zuerst die Kartoffeln gründlich waschen und mit einem Küchentuch trocken reiben. Stich dann mit einer Gabel jede Kartoffel mehrmals ein.

2 In einer Schüssel das Olivenöl mit Salz, Pfeffer und Paprikapulver vermengen und jede Kartoffel großzügig mit der Ölmischung einreiben, sodass alles gleichmäßig verteilt ist.

3 Die vorbereiteten Kartoffeln in die Heißluftfritteuse legen. Stelle sicher, dass genug Platz zwischen den Kartoffeln ist, damit die Luft gut zirkulieren kann. Wenn dein Garkorb zu klein ist, musst du portionsweise arbeiten, bis alle Kartoffeln durch sind, oder kleinere Kartoffel nehmen.

4 Stelle die Heißluftfritteuse auf 170 °C und backe die Kartoffeln 45–50 Minuten, bis sie weich und gut durchgegart sind – zum Testen mit einer Gabel einstechen. Gerade Kartoffeln sind häufig echt schwer einzuschätzen, aber mit dem Stichtest funktioniert es immer gut. Drehe sie zwischendurch, damit sie rundherum kross werden.

5 Nimm die fertigen Kartoffeln heraus, schneide sie oben kreuzweise ein und höhle sie etwas aus, sodass ein kleines Loch entsteht. Hilf ruhig mit einer Gabel nach. Gib in jede Kartoffel ½ EL Butter, noch mal mit Salz und Pfeffer verfeinern, mit 10 g Käse bestreuen und dann weitere 3–5 Minuten in der Fritteuse bei 180 °C backen, bis der Käse schmilzt.

KARTOFFELSPALTEN

SCHNELL UND LECKER!

FÜR 4 PORTIONEN (ALS BEILAGE)

1 kg Bio-Kartoffeln (vorwiegend festkochend)

3 EL Olivenöl

1 ½ TL Paprikapulver edelsüß

1 TL Knoblauchpulver

getrocknete Kräuter nach Wahl (z. B. Oregano, Basilikum, Thymian)

½ TL Kräutersalz

1 TL Salz

¼ TL Pfeffer

1 Einfach immer eine passende Beilage sind Kartoffelspalten! Die Kartoffeln musst du zuerst gründlich waschen und trocknen – Schale dranlassen! Danach die Kartoffeln in Keile (bzw. Achtel) schneiden.

2 Die Kartoffelkeile gibst du in eine große Schüssel und beträufelst sie mit Olivenöl. Gut vermengen, damit die Kartoffeln gleichmäßig vom Öl bedeckt sind.

3 Paprika-, Knoblauchpulver, Kräuter, Kräutersalz, Salz und Pfeffer über die Kartoffeln streuen. Wieder gut vermengen, sodass die Gewürze gleichmäßig verteilt sind. Ich probiere immer die Öl-Gewürz-Mischung und es muss etwas zu salzig schmecken – die Kartoffeln nehmen viel Salz auf –, und so finde ich sie perfekt.

4 Lege die marinierten Kartoffelkeile in den Korb der Heißluftfritteuse. Die Heißluftfritteuse auf 190 °C einstellen und die Kartoffelecken 20–25 Minuten backen. Den Korb gelegentlich schütteln, um sicherzustellen, dass sie von allen Seiten gleichmäßig knusprig werden. Für die letzten 3–5 Minuten die Temperatur auf 240 °C erhöhen oder auf »Max Crisp« einstellen, wenn du diese Funktion hast.

5 Sobald die Kartoffelecken goldbraun und knusprig sind sofort servieren, z. B. mit Ketchup oder einem Dip deiner Wahl (siehe Seiten 105–106).

TIPP:

Schmeckt auch megalecker mit Süßkartoffeln! Hier kann die Garzeit variieren, also aufpassen!

GEFÜLLTE CHAMPIGNONS

IM WALD GEWACHSEN, IN DER KÜCHE BEFÜLLT

FÜR 4 PORTIONEN (ALS BEILAGE)

12 große Champignons

200 g Frischkäse

70 g geriebener Parmesan

2 Knoblauchzehen, fein gehackt

2 EL gehackte Petersilie

Salz und Pfeffer nach Geschmack

2 EL Olivenöl

50 g geriebener Gouda (optional)

1 Ran an die Pilze! Dafür musst du zuerst die Champignons mit Küchenpapier abwischen und vorsichtig putzen. Die Stiele herausdrehen, fein hacken und in eine große Schüssel geben.

2 Dann gibst du Frischkäse dazu, Parmesan, Knoblauchzehen und Petersilie. Vermenge alles gut. Mit Salz und Pfeffer abschmecken.

3 Die Champignonkappen leicht mit Olivenöl bestreichen und dann gleichmäßig mit der Frischkäsemischung füllen. Wer mag, bestreut das Ganze mit geriebenem Gouda.

4 Die gefüllten Champignons legst du in den Korb der Heißluftfritteuse und backst sie bei 180 °C 10–12 Minuten, bis der Käse geschmolzen und leicht goldbraun ist.

5 Die gefüllten Champignons sofort servieren. Sie schmecken als Vorspeise oder Beilage.

BOHNEN IM SPECKMANTEL

JEDES BÖHNCHEN MACHT EIN TÖNCHEN

FÜR 4 PORTIONEN (ALS BEILAGE)

500 g grüne Bohnen, gewaschen und die Enden abgeschnitten

Salz und Pfeffer nach Geschmack

200 g Baconscheiben

Olivenöl zum Besprühen

1 TL Paprikapulver edelsüß (optional)

1 TL Knoblauchpulver (optional)

ZUSÄTZLICHES MATERIAL:

Kochtopf

1 Ein paar Böhnchen gehen doch immer! Die grünen Bohnen zuerst in einem Topf mit kochendem Salzwasser etwa 5 Minuten blanchieren. Anschließend schreckst du sie in kaltem Wasser ab, um den Garvorgang zu stoppen.

2 Danach jeweils sechs bis acht Bohnen mit 1 Streifen Bacon umwickeln. Die Bohnenpakete jetzt mit etwas Öl besprühen.

3 Die Bohnenpäckchen in den Korb der Heißluftfritteuse legen und bei 180 °C 12–15 Minuten garen. Je nach Größe des Garkorbs musst du vielleicht portionsweise arbeiten und die bereits fertigen Päckchen warmhalten.

4 Sobald die Bohnen zart sind und der Speck knusprig ist, kannst du sie servieren. Vorher noch mit frisch gemahlenem Pfeffer würzen. Für noch mehr Geschmack kannst du auch Paprika- und Knoblauchpulver dazugeben.

PANIERTE BLUMENKOHL-WINGS

PANIERT SCHMECKT SELBST BLUMENKOHL

FÜR 4 PORTIONEN (ALS BEILAGE)

1 Blumenkohl

100 g Mehl

150 ml Milch

1 TL Knoblauchpulver

1 TL Paprikapulver rosenscharf

1 ½ TL Salz

Pfeffer nach Geschmack

1 TL getrocknete Kräuter (z. B. italienische Kräutermischung)

Olivenöl zum Besprühen

100 g Parmesan (50 g für den Teig, 50 g für die Panade)

150 g Paniermehl (optional, für eine knusprigere Textur)

75 g Butter

ZUM SERVIEREN:

BBQ Sauce oder Dip der Wahl (optional)

TIPP:

Alles, was paniert ist, minimal mit Öl einsprühen!

1 Zuerst musst du den Blumenkohl waschen und in mundgerechte Röschen schneiden.

2 Dann verrührst du in einer großen Schüssel Mehl, Milch, Knoblauch-, Paprikapulver, Salz, Pfeffer und 50 g Parmesan zu einem Teig. In eine zweite Schüssel gibst du den restlichen Parmesan und das Paniermehl, falls gewünscht. Und dann darf jedes Blumenkohlröschen zuerst im Teig baden und anschließend in die Paniermehlmischung eintauchen.

3 Die panierten Blumenkohlröschen legst du in den Korb der Heißluftfritteuse. Achte darauf, dass sie nicht zu eng beieinander liegen, damit sie gleichmäßig garen können – falls nötig, portionsweise arbeiten. Besprühe sie mit etwas Öl.

4 Die Heißluftfritteuse auf 190 °C einstellen und die Blumenkohl-Wings 15–20 Minuten backen oder bis sie goldbraun und knusprig sind. Den Korb gelegentlich schütteln. Für extraknusprige Wings 3–5 Minuten vor Ende der Garzeit die Temperatur auf 240 °C erhöhen oder »Max Crisp« einstellen. In der Zwischenzeit kannst du schon die Butter zerlassen.

5 Die fertigen Blumenkohl-Wings verteilst du auf Teller und beträufelst sie mit der geschmolzenen Butter. Mit einem Dip nach Wahl (siehe Seiten 105–106) genießen!

KAROTTENPOMMES IM HONIGMANTEL

DIE VERGOLDETE KAROTTE

FÜR 4 PORTIONEN (ALS BEILAGE)

800 g frische Karotten
2 EL Olivenöl
2 EL Honig
1 TL Paprikapulver edelsüß
1 TL Knoblauchpulver
1 TL Salz
½ TL Pfeffer

1 Schäle die Karotten und schneide sie in längliche Stifte, wie Pommes frites.

2 In einer großen Schüssel das Olivenöl mit Honig, Paprika-, Knoblauchpulver, Salz und Pfeffer verrühren.

3 Gib die Karottenstifte zur Würzmischung in die Schüssel und vermische alles gut, sodass die Karotten gleichmäßig mit der Gewürzmischung bedeckt sind.

4 Verteile dann die marinierten Karottenstifte in der Heißluftfritteuse, achte dabei darauf, dass sie nicht zu eng beieinander liegen und ein paar Luftschlitze frei bleiben, damit sie gleichmäßig garen können.

5 Frittiere die Karotten bei 180 °C 15–20 Minuten oder bis sie goldbraun und knusprig sind. Schüttle dabei den Garkorb gelegentlich, um sicherzustellen, dass die Karotten auch gleichmäßig garen.

6 Sobald sie fertig sind, nimm die Karottenpommes aus der Heißluftfritteuse und lass sie kurz abkühlen. Serviere sie mit einem leckeren Dip (siehe Seiten 105–106) oder als Beilage zu deinem Lieblingsgericht.

»Bisschen was Gesundes darf es auch sein und Ofengemüse geht immer! Egal ob als Hauptgericht oder als Beilage. Vor allem kannst du jedes Gemüse nutzen, das du gerade zu Hause hast.«

OFENGEMÜSE

AUCH GRÜNES KANN SCHMECKEN

FÜR 4 PORTIONEN (ALS BEILAGE)

800 g gemischtes Gemüse nach Wahl (z. B. Karotten, Zucchini, Paprikaschote, Aubergine, Champignons, Brokkoli)

3 EL Olivenöl

2 Knoblauchzehen, fein gehackt

getrocknete Kräuter nach Wahl (z. B. 1 TL Rosmarin, 1 TL Thymian, 1 TL Oregano, 1 TL Basilikum)

1 TL Paprikapulver edelsüß

Salz (ich empfehle Kräutersalz!) und Pfeffer nach Geschmack

200 g Feta

BEILAGENTIPP:

Das leckere Ofengemüse schmeckt zu Fleisch, Fisch oder auch als Hauptgericht mit einem Dip deiner Wahl.

1 Wasche oder schäle das Gemüse und schneide es dann in mundgerechte Stücke.

2 In einer großen Schüssel das geschnittene Gemüse mit Olivenöl, Knoblauch, Kräutern, Paprikapulver, Salz und Pfeffer vermengen, bis alles gut mit Gewürzen und Öl bedeckt ist.

3 Verteile das vorbereitete Gemüse gleichmäßig im Garkorb deiner Heißluftfritteuse. Achte auf die unterschiedlichen Garzeiten, vor allem, wenn du einfach Gemüsesorten nimmst, die du gerade zu Hause hast. Also z. B. Karotten zuerst hineingeben, die brauchen etwas länger, Champignons zum Schluss.

4 Stelle die Heißluftfritteuse auf 180 °C ein und backe das Gemüse 15–20 Minuten oder bis es goldbraun und knusprig ist. Gelegentlich umrühren bzw. den Korb schütteln, um sicherzustellen, dass alle Stücke gleichmäßig garen. Kurz vor Schluss, also etwa 5 Minuten vor Ende der Garzeit, den Feta dazugeben und die Temperatur auf 240 °C erhöhen bzw. die Einstellung »Max Crisp« wählen. Falls das Gemüse noch nicht weich genug ist, die Garzeit noch etwas verlängern.

EASY SNACKS & DIPS

5

Snacks? Für mich ein Muss, denn mein Hunger kennt einfach keine Tageszeit. Die schnellen und leckeren Snacks aus der Heißluftfritteuse sind perfekt für spontane Snack-Attacken.

Crispy Chicken Wraps, überbackene Partybrötchen oder der ultimative Cheeseburger-Snack, der jede Fast-Food-Kette in den Schatten stellt. Nicht zu vergessen die Pizza-Rolls und Käse-Nachos! Alles blitzschnell und easy. Und dann diese Dips, die jedes Snack-Herz höher schlagen lassen, zusammen mit dem perfekten Kräuterbaguette: außen knusprig und innen herrlich weich. Bereit, deine Snack-Routine aufs nächste Level zu heben?

»Den Belag kannst du auch abwandeln – schau doch mal, was du noch im Kühlschrank hast!«

CRISPY CHICKEN WRAPS

KNUSPRIG BEI JEDEM BISSEN!

FÜR 4 PORTIONEN

300 g Hähnchenbrustfilet

Salz und Pfeffer nach Geschmack

2 Eier (Größe M)

50 g Mehl

100 g Paniermehl

Paprikapulver edelsüß und Knoblauchpulver nach Geschmack (optional)

2 TL Ketchup

5 TL Mayonnaise

1 TL Senf

4 Tortilla-Wraps

1 Mini-Romanasalat, gewaschen und abgetropft

2 Tomaten, in Scheiben geschnitten

Gewürzgurken, in Scheiben geschnitten

ZUSÄTZLICHES MATERIAL:

Butterbrotpapier (alternativ Aluminiumfolie)

1 Zuerst bereitest du das Hähnchen vor. Dafür schneidest du das Fleisch in Streifen und gibst Salz und Pfeffer nach Geschmack hinzu. Für die Panierstation verteilst du das Mehl, die verquirlten Eier und das Paniermehl jeweils in einzelne Schalen. Ich haue in das Paniermehl gern auch noch Paprika- und Knoblauchpulver rein.

2 Dann das Fleisch zuerst in dem Mehl wenden, anschließend im Ei und zuletzt im Paniermehl.

3 Die panierten Hähnchenstreifen brätst du dann in der Heißluftfritteuse 12–15 Minuten bei 180 °C.

4 In der Zwischenzeit verrührst du für die Sauce Ketchup, Mayonnaise und Senf.

5 Die Wraps mit der Sauce bestreichen, mit Salatblättern, Tomaten, Gurken und den Hähnchenstreifen belegen, dabei rundherum einen breiten Rand frei lassen. Zuerst die seitlichen Ränder zur Mitte umschlagen, sodass sie überlappen, dann den oberen und unteren Rand.

6 Entweder sofort schmecken lassen oder bei 160 °C noch mal 5 Minuten in der Heißluftfritteuse backen – so mag ich sie am liebsten!

7 Zum Servieren kannst du deine Wraps in Butterbrotpapier einschlagen und dann in der Mitte halbieren.

»Der Belag kann natürlich auch angepasst werden, aber Crème fraîche und geriebener Käse sind Pflicht!«

ÜBERBACKENE PARTYBRÖTCHEN

DEINE FREUNDE WERDEN SIE LIEBEN!

FÜR 4 PORTIONEN (ALS SNACK)

4 kleine Aufbackbrötchen

200 g Crème fraîche mit Kräutern

100 g gekochter Schinken, klein gewürfelt

100 g Salami, klein gewürfelt

1 Paprikaschote, klein gewürfelt

200 g geriebener Käse

Gewürze nach Geschmack (optional)

1 Zuerst die Aufbackbrötchen in der Mitte quer durchschneiden und die Außenseiten leicht mit etwas Wasser anfeuchten.

2 Dann verrührst du die Crème fraîche mit Schinken-, Salami- und Paprikawürfeln und 100 g des geriebenen Käses. Da die Crème fraîche mit Kräutern meist schon würzig ist, braucht man nicht unbedingt noch Gewürze, aber wer einen kleinen Kick mag – rein da!

3 Als Nächstes verteilst du den Belag gleichmäßig auf die Brötchen, sodass nichts runterfällt. Zum Schluss mit dem restlichen Käse bestreuen.

4 In der Heißluftfritteuse bei 170 °C 10–12 Minuten backen, bis der Käse leicht goldbraun und die Brötchen knusprig sind.

KÄSE-NACHOS

FÜR DEN PERFEKTEN FILMABEND

FÜR 4 PORTIONEN (ALS SNACK)

200 g Tortilla-Chips

200 g geriebener Käse (z. B. Gouda oder Cheddar)

1 Tomate, gewürfelt

1 Paprika, gewürfelt

1 reife Avocado, gewürfelt

½ Zwiebel, fein gehackt

1 Jalapeño-Chili, in dünne Scheiben geschnitten (optional)

150 g saure Sahne

Salz und Pfeffer nach Geschmack

1 Verteile die Tortilla-Chips gleichmäßig auf dem Boden des Garkorbs. Bestreue sie großzügig mit 100 g des geriebenen Käses.

2 Verteile die Tomaten-, Paprika- und Avocadowürfel auf den Chips und bestreue das Ganze mit der gehackten Zwiebel. Ganz oben kommt dann der restliche Käse drauf. Wenn du es gerne etwas schärfer magst, füge die Jalapeño-Scheiben hinzu.

3 Schiebe den Korb in die Heißluftfritteuse und backe die Nachos bei 180 °C 5–7 Minuten oder bis der Käse vollständig geschmolzen ist und die Nachos knusprig sind.

4 Während die Nachos in der Fritteuse sind, verrührst du die saure Sahne mit Salz und Pfeffer nach Geschmack.

5 Sobald die Käse-Nachos fertig sind, kannst du sie mit der sauren Sahne (oder einem Dip deiner Wahl, siehe Seiten 105–106) servieren.

TIPP:

Auch hier kannst du natürlich die Zutaten super austauschen. Wenn du Bock hast, gib gebratenes Hackfleisch mit dazu oder Mais und Bohnen. Und wenn du die Nachos als Snack mit deinen Freunden essen willst, bereitest du sie am besten in einer ofenfesten Form zu, die du dann zum Teilen für alle auf den Tisch stellst!

»Kennst du noch Toast Hawaii? Was soll ich sagen, auch mit Schinken, Ananas und Käse schmeckt mir so ein Toast super!«

PIZZASANDWICH CAPRESE

DER PERFEKTE MITTERNACHTSSNACK

FÜR 2 PORTIONEN (ALS SNACK)

8 Scheiben Weizentoastbrot

150 g passierte Tomaten

Salz und Pfeffer nach Geschmack

1 TL getrockneter Oregano

200 g Mozzarella, in dünne Scheiben geschnitten

2 Tomaten, in Scheiben geschnitten

frisches Basilikum zum Servieren

1 Bestreiche vier Toastscheiben mit etwa der Hälfte der passierten Tomaten und streue Salz, Pfeffer und Oregano darauf.

2 Verteile dann 100 g der Mozzarellascheiben darauf und anschließend die Tomatenscheiben.

3 Decke jetzt das Ganze jeweils mit einer weiteren Toastscheibe ab und bestreiche sie mit dem Rest der passierten Tomaten. Jetzt jeweils noch eine Tomatenscheibe und den restlichen Mozzarella nach ganz oben schichten – und dann ab damit in die Fritteuse.

4 Wenn nicht alle Sandwiches gleichzeitig reinpassen, portionsweise arbeiten. Backe die Sandwiches bei 180 °C 6–8 Minuten oder bis der Käse schön zerlaufen ist. Mit Basilikum bestreut sofort servieren.

PIZZA-ROLLS

FINGERFOOD IN GEIL, WENN ES MAL RICHTIG SCHNELL GEHEN MUSS!

FÜR 4 PORTIONEN (ALS SNACK)

3 Tortilla-Wraps

150 g Tomatensauce (aus dem Glas)

1 TL getrockneter Oregano

200 g geriebener Mozzarella

100 g Salami, in dünnen Scheiben

100 g gekochter Schinken, in dünnen Scheiben

ZUSÄTZLICHES MATERIAL:

eine Form, die in den Korb deiner Heißluftfritteuse passt

1 Lege die Wraps auf der Arbeitsfläche nebeneinander aus. Bestreiche sie gleichmäßig mit Tomatensauce und lasse dabei am Rand rundherum etwa 1 cm frei. Streue den Oregano darüber.

2 Verteile 150 g geriebenen Mozzarella auf der Tomatensauce. Lege die Salami- und Schinkenscheiben gleichmäßig auf den Teig.

3 Jetzt werden die Wraps aufgerollt und anschließend in 2–3 cm dicke Stücke geschnitten.

4 Verteile die Pizza-Rolls dicht nebeneinander in der Form und streue den restlichen Mozzarella darüber.

5 Backe die Pizza-Rolls in der Heißluftfritteuse bei 190 °C 5–8 Minuten oder bis sie goldbraun und durchgebacken sind. Lass sie dir direkt schmecken!

TIPP:

Du kannst natürlich auch passierte Tomaten nehmen und nach deinem Geschmack würzen oder auch den Belag variieren, wie du magst!

CHEESEBURGER-SNACK

SCHMECKT BESSER ALS VOM »GOLDENEN M«

FÜR CA. 16 STÜCK

200 g Rinderhackfleisch
2 Eier (Größe M)
1 kleine Zwiebel, klein gewürfelt
3 Gewürzgurken, klein gewürfelt
1 EL Senf
1 EL Ketchup
1 EL Mayonnaise
Salz und Pfeffer nach Geschmack
1 Rolle Blätterteig
4 Scheiben Cheddar
Sesam zum Bestreuen

1 Gib zuerst das Hackfleisch in eine Schüssel und vermische es mit 1 Ei, Zwiebel, Gurken, Senf, Ketchup, Mayonnaise, Salz und Pfeffer.

2 Lege dann den Blätterteig auf der Arbeitsfläche aus und schneide ihn längs in zwei Hälften. Mit beiden Teighälften musst du nun die nächsten Schritte wiederholen.

3 Die Hackmasse verteilst du längs auf einer Seite jeder Teighälfte – die andere Seite bleibt leer! Drücke die Hackmasse leicht an. Dann bedeckst du sie mit Cheddarscheiben, die passend gefaltet werden, falls nötig. Anschließend klappst du die leere Blätterteigseite um, sodass das Hack zugedeckt ist. Drücke die Ränder mit einer Gabel zusammen, damit die Füllung nicht auslaufen kann.

4 Verquirle in einer Schale das Eigelb des zweiten Eies. Bestreiche die beiden Rollen nun leicht mit dem Ei und streue etwas Sesam darüber. Schneide dann jeweils 2–3 cm dicke Scheiben ab.

5 Lege die Scheiben in den Korb der Heißluftfritteuse und backe sie bei 170 °C 20–25 Minuten oder bis sie goldbraun sind. Falls der Blätterteig noch zu weich ist, lass die Stücke noch etwas länger in der Fritteuse.

6 Dazu kannst du einen Dip deiner Wahl (siehe Seiten 105–106) servieren oder einfach Ketchup.

DIPS

EIN DIP GEHT EINFACH IMMER!

200 g Frischkäse
2 Knoblauchzehen, gehackt
50 g geriebener Parmesan
2 EL gehackte Petersilie
Salz und Pfeffer nach Geschmack

KNOBLAUCH-PARMESAN-DIP:

Verrühre den Frischkäse gut mit Knoblauch, Parmesan und Petersilie. Verfeinere mit Salz und Pfeffer.

250 g saure Sahne
2 EL frische Schnittlauchröllchen
1 TL Zitronensaft
Salz und Pfeffer nach Geschmack

SOUR-CREAM-DIP:

Verrühre die saure Sahne mit Schnittlauch und Zitronensaft. Den Dip mit Salz und Pfeffer abschmecken.

2 reife Avocados
1 Zwiebel, fein gehackt
Saft von 1 Limette
Salz und Pfeffer nach Geschmack

AVOCADODIP:

Die Avocados schälen, entsteinen und zerdrücken, dann mit Zwiebel und Limettensaft vermengen. Den Dip mit Salz und Pfeffer abschmecken.

250 g griechischer Joghurt
1 EL frischer Dill, gehackt
1 TL Zitronensaft
1 Knoblauchzehe, durchgepresst
Salz und Pfeffer nach Geschmack

JOGHURT-DILL-DIP:

Verrühre Joghurt, Dill, Zitronensaft und Knoblauch. Verfeinere den Dip mit Salz und Pfeffer.

FETADIP:

1 rote Paprikaschote

150 g Feta

2 EL Olivenöl

1 TL Zitronensaft

Salz und Pfeffer nach Geschmack

ZUSÄTZLICHES MATERIAL:

Mixer

Zuerst die Schote waschen und entkernen. Dann in der Heißluftfritteuse bei 200 °C etwa 10 Minuten rösten. Lass die Paprika abkühlen und hacke sie dann in kleine Stücke. Anschließend wird sie im Mixer mit Feta, Olivenöl und Zitronensaft püriert. Schmecke den Dip mit Salz und Pfeffer ab.

KRÄUTERQUARK:

250 g Speisequark

100 g Crème fraîche

2 EL Milch

Kräuter nach Wahl (hier eignen sich z. B. auch TK-Kräuter wie 7-Kräuter-Mix)

Kräutersalz, Salz und Pfeffer nach Geschmack

Verrühre den Quark mit Crème fraîche, Milch und Kräutern. Mit Kräutersalz, Salz und Pfeffer abschmecken.

HONIG-SENF-DIP:

200 g Crème fraîche

20 g Senf

20 g Honig

Salz und Pfeffer nach Geschmack

Verrühre die Crème fraîche mit Senf und Honig. Den Dip mit Salz und Pfeffer abschmecken.

DAS PERFEKTE KRÄUTERBAGUETTE

»DIE« BEILAGE ZUM GRILLEN ODER SNACKEN

FÜR 4 PORTIONEN (ALS SNACK)

4 kleine Aufbackbaguettes (oder 2 große Baguettes, in Stücke geschnitten)

FÜR DIE KRÄUTERBUTTER:

200 g Butter

3 EL gehackte frische Kräuter (z. B. Petersilie, Schnittlauch, Basilikum)

1 Knoblauchzehe, fein gehackt

Salz und Pfeffer nach Geschmack

1 Spritzer Zitronensaft

1 Zuerst kümmern wir uns um eine geile Kräuterbutter. Dazu musst du erst mal die Butter auf Zimmertemperatur erwärmen. Dann kannst du sie mit Kräutern, Knoblauch, Salz, Pfeffer und Zitronensaft vermengen.

2 Gib die Butter auf ein Stück Frischhaltefolie und rolle sie zu einer »Wurst«. Stelle die eingewickelte Butter mindestens 30 Minuten in den Kühlschrank.

3 Die Baguettes dann von oben in regelmäßigen Abständen ein-, aber nicht durchschneiden, sodass mindestens sechs Zwischenräume entstehen. Von der Kräuterbutter Scheiben abschneiden und in die Spalten drücken. Die restliche Kräuterbutter kannst du einige Tage im Kühlschrank lagern und noch für andere Gerichte verwenden.

4 Backe die Baguettes dann bei 180 °C etwa 7 Minuten, bis sie braun sind und die Kräuterbutter geschmolzen ist. Wenn die Baguettes nicht gleichzeitig in die Fritteuse passen, backe sie nacheinander. Am besten direkt warm und knusprig genießen!

SCHMACKO-FATZIGE DESSERTS

6

Das letzte Kapitel widme ich den schmackofatzigen Desserts, um zu zeigen, dass die Heißluftfritteuse wirklich alles kann und auch im Reich der Nachtische ein echter Gamechanger ist. Obwohl ich persönlich eher der herzhafte Typ bin, muss ich zugeben, dass diese Desserts mich absolut überzeugt haben!

Von knusprigen Blätterteigtaschen mit schmelzendem Schokoriegel über perfekt gebackene Brownies, die jede Naschkatze begeistern, bis hin zu einem Apple Crumble, bei dem die Äpfel unter einer Schicht aus süßen, krümeligen Streuseln geradezu dahinschmelzen – und das alles begleitet von einer cremigen Vanillesauce. Auch die Churros, die wir alle vom Weihnachtsmarkt kennen und lieben, lassen sich spielend leicht in der Heißluftfritteuse zubereiten – außen knusprig und innen weich, bereit, in heiße Schokolade getaucht zu werden.

BLÄTTERTEIGTASCHEN MIT SCHOKORIEGEL

GEMACHT MIT NUR 3 ZUTATEN

FÜR 4 PORTIONEN

1 Rolle Blätterteig

8 Schokoladenriegel

1 Eigelb, verquirlt

Puderzucker zum Bestreuen (optional)

1 Entrolle den Blätterteig auf der Arbeitsfläche und schneide ihn quer in vier rechteckige Stücke. Lege auf beide Seiten des Teigstreifens einen Schokoriegel. Rolle beide Enden von außen nach innen zur Mitte hin auf. Jetzt solltest du vier schöne Blätterteigtaschen haben.

2 Drehe die Blätterteigtaschen um und bestreiche die Oberseite mit dem verquirlten Eigelb, um ihnen eine schöne goldene Farbe zu verleihen.

3 Verteile die Taschen in der Heißluftfritteuse, dabei darauf achten, dass sie sich nicht berühren. Backe die Blätterteigtaschen bei 150 °C 25–30 Minuten oder bis sie goldbraun und knusprig sind.

4 Lass die Blätterteigtaschen kurz abkühlen, bevor du sie servierst. Wer mag, bestreut sie noch mit Puderzucker.

APPLE CRUMBLE

DER PERFEKTE NACHTISCH – ICH SCHWÖRE!

FÜR 4 PORTIONEN

500 g Äpfel

1 Schuss Zitronensaft

1 Packung Vanillezucker

etwas Zimt

Butter zum Einfetten

Puderzucker zum Bestreuen

FÜR DIE STREUSEL:

150 g Mehl

100 g Zucker

100 g Butter

1 Prise Salz

ZUM SERVIEREN (OPTIONAL):

Vanillesauce

Vanilleeis

1 Die Äpfel musst du zunächst schälen, vierteln, entkernen und in dünne Scheiben schneiden. Die Apfelscheiben mit Zitronensaft, Vanillezucker und Zimt durchmischen.

2 Den Garkorb der Heißluftfritteuse (ohne den Rosteinsatz) mit etwas Butter einfetten und die Apfelspalten dicht an dicht darin verteilen.

3 Danach alle Zutaten für die Streusel zwischen den Fingerspitzen bröselig verreiben und gleichmäßig auf den Äpfeln verteilen.

4 Backe den Apple Crumble bei 160 °C 20–25 Minuten, bis die Streusel goldbraun sind. Mit Puderzucker bestreuen und warm servieren, am besten mit Vanillesauce oder Vanilleeis!

TIPP:

Probiere das Rezept auch mit anderem Obst der Saison, wie z. B. Birnen, Pflaumen, Rhabarber etc. Du kannst den Crumble auch in kleinen Förmchen backen, die für die Fritteuse geeignet sind. So lässt er sich besser servieren.

NINJA
DUALZONE TECHNOLOGY
SYNC
MATCH
TIME
TEMP
1
MAX CRISP
AIR FRY
ROAST
START STOP
BAKE
REHEAT
DEHYDRATE
TIME
TEMP
2

BROWNIES

EINFACH SCHOKOLADIG GUT

FÜR CA. KLEINE 12 STÜCK

2 Eier (Größe M)

1 Packung Vanillezucker

60 g brauner Zucker

60 g Mehl

½ TL Backpulver

1 Prise Salz

100 g Schokolade (am besten Zartbitter)

80 g Butter, plus mehr zum Einfetten

ZUM SERVIEREN (OPTIONAL):

Vanillesauce oder Eis

ZUSÄTZLICHES MATERIAL:

eine Kuchenform, die in deine Heißluftfritteuse passt

Backpapier

Topf oder Schale zum Schmelzen der Schokolade und der Butter

1 Rühre zuerst die Eier mit dem Vanillezucker und dem braunen Zucker schaumig. Als Nächstes die trockenen Zutaten separat vermischen und unterrühren.

2 Schmilz anschließend 80 g Schokolade in der Mikrowelle (in kleinen Intervallen, checken und durchrühren) und stelle sie kurz beiseite. Den Rest der Schokolade kannst du klein hacken. Schmilz danach die Butter und rühre sie unter die flüssige Schokolade.

3 Gib dann die flüssige Schokoladen-Butter-Mischung zum Teig und hebe sie leicht unter. Jetzt noch die gehackte Schokolade unterrühren.

4 Fette die Form ein oder lege sie mit Backpapier aus. Dann gibst du den Teig in die Kuchenform. Setze diese dann in die Heißluftfritteuse. Die Brownies bei 160 °C 20–25 Minuten backen.

5 Nimm die Form heraus und lass sie kurz abkühlen. Löse dann die Brownies aus der Form und schneide sie in Rechtecke. Am geilsten sind sie noch leicht warm, also lass es dir direkt schmecken – vielleicht mit Vanillesauce obendrauf oder einem leckeren Vanilleeis? Und dazu ein Kakao mit Sahne?

»Mit der geilen Creme kannst du gefühlt alles bestreichen, z. B. auch Milchbrötchen oder normale Brötchen. Superlecker!«

ZIMTBAGEL

ZIMT IST NICHT NUR WAS FÜR WEIHNACHTEN

FÜR 4 PORTIONEN

300 g Frischkäse light

70g brauner Zucker

1 Packung Vanillezucker

1 Prise Salz

2 TL Zimt

4 Bagels

50 g Butter zum Bestreichen

1 Den Frischkäse mit Zucker, Vanillezucker, Salz und Zimt cremig rühren.

2 Schneide die Bagels quer durch und bestreiche die Schnittfläche jeweils mit Butter. Die Creme gleichmäßig darauf verteilen und die Bagels in den Korb der Heißluftfritteuse legen. Wenn nicht alle gleichzeitig reinpassen, portionsweise arbeiten.

3 Die Bagels bei 180 °C 6–8 Minuten backen, bis sie goldbraun sind, und dann gleich genießen!

HIER GIBT'S NOCH LECKERE VARIANTEN:

- → mit Schokoladentropfen oder Schokoladenstreuseln (ca. 100 g)
- → mit Nussnougatcreme (ca. 50 g)
- → Marmormuffins – halben Teig hell lassen, halben Teig mit etwas Kakaopulver dunkel einfärben
- → mit Obst (ca. 150 g klein geschnittener Apfel)
- → mit flüssigem Kern (jeweils ganze Stücke Schokolade in den Teig drücken; insgesamt ca. 100 g)

MINI-BASIC-MUFFINS

PERFEKT FÜR JEDEN KINDERGEBURTSTAG

FÜR CA. 18 STÜCK

Butter oder Öl zum Einfetten

125 g Butter

100 g Zucker

2 Eier (Größe M)

120 g Mehl

1 TL Backpulver

1 Prise Salz

75 ml Milch

ZUM SERVIEREN (OPTIONAL):

Puderzucker

Zuckerguss

Lebensmittelfarbe

bunte Zuckerstreusel

ZUSÄTZLICHES MATERIAL:

Mini-Muffin- oder Papierförmchen

1 Fette die Förmchen mit Butter oder Öl ein, damit die Muffins nicht ankleben. Du kannst auch Papierförmchen nutzen, wenn du keine Form für deine Heißluftfritteuse hast.

2 In einer Schüssel die Butter mit dem Zucker schaumig schlagen. Füge die Eier einzeln hinzu und rühre gut um, bis eine glatte Masse entsteht. Mische Mehl, Backpulver und Salz in einer separaten Schüssel. Siebe die trockenen Zutaten nach und nach in die Butter-Zucker-Mischung und rühre dabei kontinuierlich. Gieße langsam die Milch ein und rühre weiter, bis ein glatter Teig entsteht. Und wenn du magst, schau bei den Tipps vorbei und pimpe das Basic-Rezept nach deinem Geschmack auf.

3 Fülle den Teig in die Förmchen. Backe die Mini-Muffins in der Heißluftfritteuse bei 160 °C 12–15 Minuten oder bis ein Zahnstocher, den du in die Mitte der Muffins steckst, sauber herauskommt.

4 Lasse die Muffins in der Form etwa 10 Minuten abkühlen, bevor du sie aus der Fritteuse nimmst.

5 Du kannst sie mit Puderzucker bestäuben oder mit Zuckerguss überziehen, der sich mit Lebensmittelfarbe beliebig einfärben lässt. Und bunte Zuckerstreusel sind ja wohl immer eine gute Idee.

»Für Churros wie auf dem Weihnachtsmarkt einfach Toppings wie z. B. bunte Streusel, Nussnougatcreme oder gehackte Nüsse verwenden!«

CHURROS

BESSER ALS AUF DEM WEIHNACHTSMARKT

FÜR 4 PORTIONEN

100 g Butter

2 EL Zucker

1 Prise Salz

200 g Mehl

3 Eier (Größe M)

Pflanzenöl zum Besprühen

ZUM SERVIEREN:

100 g Zucker (zum Wälzen)

1 TL Zimt (zum Wälzen)

150 g Schokolade, geschmolzen (optional)

ZUSÄTZLICHES MATERIAL:

Kochtopf

Spritzbeutel mit großer Sterntülle

Backpapier

1 Zuerst kochst du 200 ml Wasser mit Butter, Zucker und Salz in einem Topf auf, bis die Butter geschmolzen ist.

2 Das Mehl auf einmal hinzufügen und kräftig rühren, bis die Masse glatt ist. Am Topfboden muss sich ein leichter Film bilden. Den Topf dann vom Herd nehmen und den Teig etwas abkühlen lassen.

3 Jetzt die Eier einzeln unterrühren, bis ein glatter Teig entsteht. Fülle anschließend den Teig in einen Spritzbeutel mit Sterntülle.

4 Lege den Garkorb mit Backpapier aus. Spritze dann den Teig in Form von Stäbchen oder Kringeln darauf. Ich mache die Churros lieber kleiner, dann kann man sie besser essen! Achte dabei darauf, genügend Abstand zwischen den einzelnen Churros zu lassen.

5 Backe die Churros in der Heißluftfritteuse bei 160 °C etwa 15 Minuten oder bis sie goldbraun und knusprig sind. Wende sie zwischendurch und besprühe sie mit etwas Öl. Wiederhole den Vorgang, bis der Teig aufgebraucht ist.

6 In der Zwischenzeit vermengst du in einer Schale Zucker und Zimt. Die Churros noch warm in der Zimt-Zucker-Mischung wälzen.

7 Serviere die Churros warm, wenn du magst mit geschmolzener Schokolade, und genieße sie am besten sofort. Ich finde sie einfach nur megalecker!

ZUTATENREGISTER

DANKSAGUNG

DANKE, NINJA!

Ich möchte diese Gelegenheit nutzen, um mich bei Ninja und dem gesamten Team zu bedanken! Ohne eure Unterstützung und Zusammenarbeit wäre dieses Buch niemals entstanden. Ich bin unfassbar dankbar dafür, dass Ninja mir das Vertrauen und auch die Freiheiten gegeben hat, vor allem direkt zu Beginn der Zusammenarbeit in der Umsetzung meines Contents – und das ist in der Branche wirklich nicht selbstverständlich. Nur so konnte die Ära der crazy Heißluftfritteusengerichte des Schmocks wachsen und wachsen und wird hoffentlich nicht zu schnell enden. Von Herzen ein großes Danke!
Im Vorwort hatte ich es bereits angeschnitten – man kennt Ninja und mich mittlerweile als Team von TikTok und Co. Diese Heißluftfritteusen haben es mir einfach angetan und ich verwende sie täglich. Egal ob für den Ein-Personen-Haushalt mit kleiner Küche oder für eine größere Familie mit vielen hungrigen Bäuchen – Ninja hat einfach die passende Fritteuse für jeden.

Für den normalen Gebrauch empfehle ich immer die AF400. Auf deren Basis habe ich auch die Rezepte entwickelt. Damit kann man einfach nichts falsch machen. Aber schau einfach selbst bei Ninja vorbei, wenn du noch die passende Fritteuse suchst. Eine geile Fritteuse darf einfach in keinem Haushalt fehlen.

Hier findest du meine Favoriten im Ninja-Shop:

NINJA

ÜBER

RENE SCHMOCK

Rene Schmock gehört mit über 4 Millionen Followern auf TikTok zu Deutschlands erfolgreichsten Content Creatoren. Der ehemalige LKW-Fahrer erobert inzwischen TikTok mit unterhaltsamen Videos zu Heißluftfritteusen-Rezepten und Snackautomaten-Einblicken. Auch auf Twitch,YouTube und Instagram teilt Rene seinen Alltag. Der zweifache Vater mit einer Vorliebe für Tattoos, Caps und LEDs hat sich durch seine authentische Persönlichkeit eine treue Community aufgebaut.

IMPRESSUM

HEIß FRITTIERT UND GEIL SERVIERT!

MIX
Papier | Fördert gute Waldnutzung
FSC® C109273

7. Auflage

Weyerstraße 88–90
50676 Köln
Deutschland

Text: © Rene Sermond
Layout, Design & Satz: BUCH & DESIGN Vanessa Weuffel
Projektleitung: Sarah Völker
Redaktionelle Unterstützung: Daria Panczak
Lektorat: Carmen Söntgerath

Abbildungsnachweis:
Alle Fotos (Cover, Umschlag, Innenseiten): © filmfluence GmbH – Bob-Young Linsel

Logo Ninja®, S. 126: NINJA is a registered trademark in the European Union of SharkNinja Operating LLC

Gesetzt aus der Citizen von Zuzana Licko, der Rumbling von Hoperative und der TheSans von Lucas de Groot

Gesamtherstellung: Community Editions GmbH

ISBN 978-3-96096-396-7

Druck: Druk Intro, ul. Świętokrzyska 32, 88-100 Inowrocław, Polen
Printed in Poland

www.community-editions.de